Ulrike Striebeck

Glücksorte in der Sächsischen Schweiz

Fahr hin & werd glücklich

D

Dieses

Glücksbuch

ist für

Liebe Glücksuchende,

Sie haben sich dieses Buch gezielt ausgesucht oder es von lieben Menschen geschenkt bekommen. Wunderbar! Ich lade Sie herzlich ein in die Sächsische Schweiz, meine Glücksregion. Mit Freude habe ich Wichtiges und interessante Nebensächlichkeiten meiner 80 Favoriten zusammengestellt.
Lassen Sie sich entführen in Deutschlands schönste Schweiz und drumherum. Das Elbsandsteingebirge kann man sehen, hören, schmecken – man muss es erleben. Hier sind 80 bunte Ideen von bekannt bis Geheimtipp, eine Reiseanleitung zum individuellen Glück von A wie Alpakafarm bis Z wie Zuschendorfer Landschloss.
Viel Spaß beim Pläneschmieden. Von Gewohntem abweichen: Mal den Sonnenaufgang auf einem Gipfel erwarten, Felsen im Winter bestaunen. Bitte den Plan nur grob entwerfen, sich treiben lassen.
Vielleicht treffen wir uns. Erkennungszeichen ist dieses Buch.
Später kann etwas Eigenes mit Skizzen, Fotos, Routen, Geschichten als „Meine-Sächsische-Schweiz-Glücks-Zeit“ entstehen.

Ihre Ulrike Striebeck

Deine Glücksorte ...

… noch mehr Glück für dich

Wetterunabhängig erkunden

1 Das NationalparkZentrum in Bad Schandau

Die Sächsisch-Böhmische Schweiz in einem einzigen Haus? Kaum vorstellbar, doch prima gelöst. Wer kurze Wege und unkomplizierte Aufstiege liebt, ist im NationalparkZentrum Sächsische Schweiz im Herzen von Bad Schandau genau richtig. Die Kurstadt baute das markante Haus 1953 als Lichtspieltheater, rund 40 Jahre gern besucht. Heute bietet ein Filmsaal noch immer echtes Kinogefühl, jedoch sind Tiere und Pflanzen im Elbsandstein die Stars. Die hiesige Natur wird in fantastischen Bildern und ungewöhnlichen Perspektiven in einer Multivisionsschau für alle Altersgruppen vorgestellt. Danach geht es über drei Etagen zwischen Meeresboden und Felsaussicht auf Entdeckungsreise. Sie eignet sich zum Kennenlernen, Verstehen, Ausprobieren, Sehen, Hören – also Wissensvermittlung, absolut nicht trocken.

TIPP
Erich Wustmanns Welt der nordischen Rentiere und des tropischen Regenwaldes im Stadt-Museum.

Die langwierige Sandsteingeschichte wird zeitlich gestrafft: Millionen Jahre verrinnen wie Sekunden. Spalten, Waben, Röhren sind nun Lebensraum für Tiere. Hörstationen und Ferngläser ermöglichen besondere Einblicke, zum Beispiel in eine Tierbabystube. Später schleicht sich ein Luchs an. In Glaskästen öffnet sich in Kinderaugenhöhe gut einsehbar ein faszinierender Mikrokosmos. Waldameisen errichten ihren Bau, schaffen Futter von Äpfeln ran, vertilgen baumschädigende Insekten. Draußen in der Natur bauen sie auffällige, nur von Weitem zu betrachtende Hügel. Denn abseits der Wege beginnt Tierland. Ruheliebende Rothirsche und Wanderfalken fühlen sich gestört, wenn Menschen querfeld-und-wald-ein unterwegs sind.
Die Natur ist im ständigen Wandel: Ein umgefallener Baum, dichtes Unterholz, eine Lichtung. Geräusche locken weiter. Im Dunkelgang zeigt sich, dass nachts nicht alle Tiere schlafen: Uhu, Wildschwein und Fledermaus werden erst in der Dämmerung aktiv. Im NationalparkZentrum wird multimedial und interaktiv sensibilisiert, gut vorbereitet auf weitere Begegnungen. Denn nun geht es raus ins Gelände. Manchmal werden gleich vor der Tür Alltagsbegleiter in ein neues Licht gerückt – bei Woll- oder Apfelfesten.

- NationalparkZentrum Sächsische Schweiz, Dresdner Straße 2 b, 01814 Bad Schandau, Tel. (03 50 22) 5 02 40 www.nationalparkzentrum-saechsische-schweiz.de
- ÖPNV: S 1, Bahnhof Bad Schandau; Fähre, Bus 241, Haltestelle Elbkai

Leben am Fels
Život na skále

Sandstein voller Leben

2 Einladung auf den Marktplatz zu Pirna

Francesco und Bernardo treffen sich auf dem pulsierenden Markt. Beiden trennen Jahrhunderte. Ihre Liebe zu Pirna verbindet sie. Der eine, Francesco „Franz“ Friederich lebt in seiner Geburtsstadt, ist als Mitdreißiger schon Ehrenbürger, hat sich im Goldenen Buch verewigt. Er ist der beste Bobfahrer aller Zeiten. Der andere, Bernardo Bellotto, genannt Canaletto, hat die Elbestadt im Barock elfmal farb- und detailtreu auf Leinwand gezaubert. Er stellt sie bildlich in eine Reihe mit ihren großen Schwestern Dresden, Wien und Warschau.

Käme der sächsische Hofmaler mit venezianischen Wurzeln Canaletto heute als Tourist, er würde sich auf seinem Lieblingsplatz, dem autofreien Markt, heimisch fühlen. Wenig hat sich in 270 Jahren geändert. Das Zeit-Puzzle-Rathaus aus Spätgotik, Renaissance und Barock strahlt in neuer Pracht. Die Uhr zeigt, was die Stunde geschlagen hat. Stolze Bürgerhäuser mit hohen Giebeln, kunstvoll verzierten Erkern und prächtigen Portalen mit Sitznischen umschließen den Platz. Zur sommerlichen Hofnacht sind bei Kerzenschein und Livemusik Blicke in die verborgen-lauschigen Innenhöfe gestattet.

TIPP

April: Zuschauen beim lebendigen Gemälde wie 1753. Dezember: bezaubernder Canaletto-Weihnachtmarkt.

Im und vor dem Café, das Canalettos Namen trägt, werden italienisch angehauchte Kaffeesachsen glücklich. Das Haus gegenüber trägt seinen Namen, besitzt sein spezielles Hilfsmittel beim Malen, die Camera obscura. Inhabergeführte Geschäfte, Galerien, Kneipen, Theater laden zum Bummeln, Verweilen, Einkaufen ein. Frischer Kaffeeduft weht von Ernst Schmole und seinen Nachfahren herüber. Auf einem Schaufenster steht in schönster Schreibschrift „Wenn es dich glücklich macht, ist es keine Zeitverschwendung.“ Geschichte und Geschichten werden lebendig zwischen Engelserker in der Barbiergasse und Teufelserker in der Oberen Burggasse. Viel ist zu entdecken in der Stadt, die von Kriegen und Bränden weitgehend verschont blieb. Leider nicht vom Hochwasser, wie 15 Markierungen in der Dohnaischen Straße zeigen, einige weit über Manneshöhe. Realität der (Über)Lebenskünstlerin Pirna.

● Marktplatz, 01796 Pirna, www.pirna.de

● ÖPNV: S 1, S 2, Bahnhof Pirna; Regio-Busse, Haltestelle ZOB; Dampfer, Haltestelle Dampferanleger (jeweils 10 Minuten Fußweg)

Tafelberg-Glücksgefühl

3

Die Eroberung der Festung Königstein

Aus allen Himmelsrichtungen ist unser Ziel zu sehen. Der Tafelberg erhebt sich majestätisch über die Landschaft, glänzt in der Sonne oder verschwindet fast im Nebel. Auf dem Plateau ducken sich Gebäude und Bäume. Ein Widerspruch zwischen hoch aufragend und flach angepasst? Nein, der perfekte Ort für eine Festung. Die Gegner konnten über weite Entfernungen beobachtet werden. Die Eroberung hingegen war äußerst schwierig. Nur einmal wurde der Stein des Königs bezwungen: Der Schornsteinfegergeselle Sebastian Abratzky überwand die steilen Wände. Die heutigen Eroberer, die Touristen, sind willkommen, nutzen Aufzüge oder spazieren gemächlich mit immer neuen Eindrücken nach oben.

Das Areal ist 9,5 Hektar groß. Man sollte sich Zeit nehmen für die aussagekräftigen Ausstellungen zu sächsischer Geschichte. Unbedingtes Muss: Ein Rundgang entlang der 2,2 Kilometer langen Ringmauer. Es eröffnen sich einzigartige Ausblicke ins Elbtal, über das Elbsandsteingebirge bis nach Böhmen. 247 Meter tiefer sind wie bei Modelleisenbahnen schnelle Züge und gemächliche Schiffe unterwegs.

Glück und Unglück lagen hier früher dicht beieinander: Zufluchtsort für Menschen und Schätze in unruhigen Zeiten oder Kriegsgefangenenlager. Der mit 152,5 Metern tiefste Brunnen Sachsens mit Wassergarantie oder Lazarett. Heute ist der Königstein definitiv ein Ort zum Glücklichsein mit vielen Facetten. Bei Spezialführungen plaudert Schließkapitän Clemens über den Festungsalltag. Das vormals größte Weinfass ist als moderner Nachbau aus Glas und Stahl erstanden. Eine Licht-Musik-Installation transferiert barocke Geschichte(n) ins 21. Jahrhundert. Die Kasematten bieten leckere Verführungen mit einer kulinarischen Zeitreise durch vier Jahrhunderte. In der Garnisonskirche lädt die Jehmlich-Orgel zum Innehalten ein. Wer die Festung für sich allein haben möchte, sollte eine Ferienwohnung mieten. Nach Schließung der Tore ist es traumhaft ruhig. Zeit für zauberhafte Sonnenunter- und -aufgänge.

TIPP

Historisch-romantischer Weihnachtsmarkt mit viel Heimlichkeit für Kinder an den Adventswochenenden.

- Festung Königstein, Festung Königstein 1, 01824 Königstein, Tel. (03 50 21) 6 46 07
- ÖPNV: Bus 241, Festungsexpress, Haltestelle Am Königstein (15 Minuten Fußweg)

Schmunzeln oder Gänsehaut

4

Medizinhistorische Sammlungen Bad Gottleuba

Gesund sein und bleiben – wer wünscht sich das nicht? Kommt es anders, will man schnell wieder fit werden. Bad Gottleuba bietet seit 110 Jahren beste Voraussetzungen. Das bekannte Dresdner Architekten-Duo Schilling & Graebner zauberte nach der Internationalen Hygieneausstellung von 1911 eine weitläufige Kuranlage in die ansteigende Landschaft im Gottleubatal. Die Jugendstilbauwerke sind noch immer Hingucker mit vielen liebenswerten Details. Heute werden fünf moderne Rehafachkliniken im Gesundheitspark betrieben.

Wie muss man sich die Genesung damals vorstellen? Umfassende Antworten geben die Medizinhistorischen Sammlungen im ehemaligen Maschinenhaus auf barrierefreien 750 Quadratmetern. Es wurde gesammelt, was zur jeweiligen Zeit medizinisch das Modernste war – eine Fülle an Originalen. 1913 waren drei bis sieben Betten pro Zimmer neuester Standard der ersten Arbeiterheilstätte Deutschlands. Das konnte anstrengend, aber auch lustig sein. Ein Kurschatten war schwer zu finden. Es gab strikte Geschlechtertrennung, die überwacht wurde, um unnötige Aufregung zu vermeiden. Fünf Mahlzeiten boten überraschend viel Auswahl von Normalkost bis lacto-vegetabil. Obst und Gemüse wurden selbst angebaut und verarbeitet. Binden wurden gewaschen und mithilfe einer Wickelmaschine zur Wiederverwendung aufbereitet. Bei den chirurgischen Instrumenten im OP-Saal oder der Röntgenanlage um 1930 läuft es etwas kalt den Rücken runter. Und was hat es mit Kopfkühlschlange, Schlundstoßer und Magenquetschklemme auf sich? Hinter diesen bizarren Namen verbergen sich medizinische Apparate aus dem 20. Jahrhundert.

TIPP

Haus- und Tischordnung aus der Gründerzeit erwerben und in netter Runde einige Regeln zitieren.

Bei der Besichtigung wechseln Staunen, Schmunzeln, Erschrecken. Die Teilnahme an einer Führung ist fürs Verständnis sehr zu empfehlen. Auf der Homepage sind die aktuellen Termine zu finden. Nach dem Besuch einfach noch gemütlich durch den gepflegten Park schlendern, sich der eigenen Gesundheit erfreuen unter dem Motto „Alles hat seine Zeit: die gute alte und die gute neue – zum Glück."

● Medizinhistorische Sammlungen Bad Gottleuba, Königstraße 39, 01816 Bad Gottleuba, www.medizinhistorische-sammlungen-gottleuba.de

● ÖPNV: Bus 216, 219, Haltestelle Gesundheitspark

STUNDE NULL
Die erste Arbeiterhei
»Gottleuba ist eine der schönsten Gebirgsstädt
Talsenkung gelegen, von der hurtigen Gottleub
sauberen Häusern und hübschen Villen geschm
erdige Stahlquelle von hohem Eisengehalt zur
Moorbäder von Moorerde aus den hiesigen Mo
Wasser- und Vierzellenbäder ... Inhalationseinri
... Medico-mechanisches Institut ...« Kur-Werbur
Oberregierungsräte und Fabrikbesitzers-Gattinr
Jahren im idyllischen Gottleuba. Doch Schriftse
Dreher? Die Bismarckschen Sozialgesetze hatte
den Bau einer Arbeiterheilstätte geschaffen. Für
machten sich der Vorstandsvorsitzende der Lan
Sachsen und der Bürgermeister stark. »Vorzügli
ersten kleinen Arbeiter-Genesungsheim, die gün
die seit 1905 bestehende Eisenbahnverbindung
Kurort.

Ein ganzes Dorf in Bio

5

Schmilka mit Mühle, Bäckerei, Brauerei, Hotel

Verführerische Düfte von Gebackenem durchziehen den Dorfkern: Der Nase einfach folgen bis zur Mühlenbäckerei. Der urige Holzbackofen zaubert knusprige Brote und wagenradgroße Kuchen. Das Wasser läuft im Mund zusammen. Was soll man probieren? Puddingstreusel oder Pflaumenkuchen gehen immer. Lieber nur eine Buchtel. Es muss Platz bleiben für Herzhaftes im romantischen Hof, direkt am Wasserrad unter der Schatten spendenden Kastanie. Dazu frisch gezapft ein naturbelassenes Pils in leuchtend Strohgelb. Auch hier kurze Wege: Die kleine Braumanufaktur ist nebenan. Die Herstellung der süffigen Craft-Biere ist bei Führungen zu beobachten – mit Blick in die seltene offene Gärung. Gerste fürs Bier, Dinkel fürs Backwerk – Getreide spielt eine wichtige Rolle im Bio-Dorf. Das Mehl wird selbst gemahlen. Im technischen Denkmal kann man zuschauen. Die kleine Mühle schafft nur einen Sack pro Tag. Es reicht, um gutes Dinkelmehl auch fürs häusliche Backen anzubieten.

So eine Vielfalt auf kleinstem Raum. Hier müsste man länger bleiben. Gut machbar. Es gibt ein besonderes Hotel: Die Traumbetten befinden sich nicht in einem Haus, sondern sind im ganzen Dorf verstreut. Zum Glück war der Holzwurm gnädig mit dem Gebälk des ältesten Gebäudes von 1665 und auch später. Historisches konnte erhalten, umgenutzt, sinnvoll ergänzt werden. Stück für Stück ist das Urlauberdorf gewachsen, Geschichte bei jedem Atemzug. Ideengeber ist Sven-Erik Hitzer, umtriebiger Unternehmer mit Visionen ganz nah am Gast und gutem Gespür fürs Machbare. Das Ausflugs- und Wanderziel ist äußerst beliebt. Kontinuierlich entsteht Neues, Wiederkommen ist angesagt.

Aktueller Trend ist das Winterdorf. Frost verändert die Felsenwelt. Eisgardinen hängen vor dunklem Sandstein. Wanderwege und Aussichtspunkte hat man fast für sich allein. Danach Glühwein am Lagerfeuer und etwas Luxus mit gemütlich warmem Badezuber oder Panoramasauna. Schmilka ist in der kalten Jahreszeit Rückzugsort für Genussmenschen, Stadt- und Skipistenflüchter.

TIPP

Der Große Winterberg, zweithöchste Erhebung der Region – nur schlappe 450 Meter Höhenunterschied.

- Bio- & Nationalpark Refugium, 01814 Bad Schandau OT Schmilka, Tel. (03 50 22) 91 30, www.schmilka.de
- ÖPNV: S 1, Haltestelle Schmilka-Hirschmühle; Fähre, Bus 252, Haltestelle Grenzübergang

Bier macht lustig,
weise der Wein!
drum trinke beides, um
beides zu sein!

Ein herzliches Glück auf!

6 Im Besucherbergwerk „Marie Louise Stolln“

Festes Schuhwerk und wärmende Kleidung sind Voraussetzungen, um bei Marie Louise glücklich zu werden. Egal welches Wetter draußen ist – im einzigen Besucherbergwerk der Sächsischen Schweiz herrschen ganzjährig Temperaturen von 8 bis 10 Grad Celsius, feinstaubarm.
Vor 300 Jahren suchten Bergleute an diesem Ort ihr Glück und wurden fündig. Begehrtes Eisenerz wurde unter harten Bedingungen abgebaut, sicherte den Familien ihr einfaches Leben. Das Mutter-Gottes-Lager war besonders erzreich, ist heute als begehbare Höhle mit beleuchtetem See der absolute Hingucker. Mit Schlägel und Eisen, den traditionellen Werkzeugen der Bergleute, geht es vom Mundloch aus auf 850-Meter-Entdeckungsreise. Ein ehemaliger Entwässerungsstollen führt fast ebenerdig ins Innere, schon bald sind 60 Meter Gestein über den Köpfen. Vor unliebsamen Zusammenstößen mit dem harten Material schützen Helme, leuchtend gelb, wie tanzende Sonnen.
Bei spannenden Kinderführungen wechseln sich Ehrfurcht vor der kräftezehrenden Arbeit ab mit Gelächter: Dann ist vom Arschleder die Rede oder die damaligen Toiletten werden anschaulich beschrieben. Am unterirdischen See leuchten die Kinderaugen. Edelsteinschätze können ausgesiebt und als Souvenir mit nach Hause genommen werden. Im Haberlandlager wird es plötzlich total dunkel und absolut still. Die mitgebrachten Taschenlampen erzeugen eine besondere Atmosphäre.
Wohltuend einstimmend in die Adventszeit sind die Mettenschichten. Sie erinnern an die alte bergmännische Tradition der letzten Schicht vor Weihnachten. Besinnliche und lustige Geschichten sowie Musik runden das Programm unter Tage ab.
Zurück an der je nach Jahreszeit unterschiedlich temperierten Frischluft lädt das Außengelände generationenübergreifend ein: Spielmöglichkeiten, Grubenbahn sowie alte und junge Bergbautechnik. Eine Anmeldung für die Untertagewelt ist sehr sinnvoll, denn die Teilnehmerzahl bei Führungen und Veranstaltungen ist begrenzt. Alle Angebote sind online buchbar.

TIPP

Verschiedene Gaststätten und das Freibad Billy sind fußläufig erreichbar.

● Besucherbergwerk „Marie Louise Stolln“, Talstraße 2 a, 01816 Bad Gottleuba-Berggießhübel OT Berggießhübel, Tel. (03 50 23) 5 29 80, www.marie-louise-stolln.de
● ÖPNV: Bus 216, 219, Haltestelle Kurhaus

MARIE.LOUISE STOLLN
Lautres Silber lautres Gold
Man allhier erschuerfen sollt
Moegen Freude bringen diese
Wie daheim: MARIE.LOUISE
GLÜCK AUF

Bunte Zipfelmützen

7 Die Sieben-Brüder-Häuser in Postelwitz

Sie fallen ins Auge: Sieben schmale, dicht gedrängt zur Elbe stehende Umgebindehäuser in Postelwitz, einem Stadtteil von Bad Schandau. Dabei ist egal, ob man ihre Giebel zufällig beim Blick über den Fluss während einer Bahnfahrt nach Prag entdeckt oder ob man direkt vor Ort das schöne Ständer- und Fachwerk mit liebenswerten Details in Holz und Schiefer bestaunt.

Der Sage nach ließ ein Vater die Sieben-Brüder-Häuser für seine Söhne neben seinem eigenen größeren Anwesen, dem sogenannten Vaterhaus, bauen. Jeder sollte im wahrsten Sinne des Wortes ähnlich bedacht werden. Höchstwahrscheinlich handelt es sich aber um Gebäude von Fischern, Schiffern, Schiffbauern und Steinbrechern, die ab 1635 entstanden. Wohnen heute noch Brüder oder auch Schwestern hier? Auf alle Fälle sind es Glückspilze. Die wunderbar erhaltenen Kleinode schmiegen sich an die wärmespeichernden Steilwände zu Füßen der Schrammsteine. Im 16. Jahrhundert wurde hier Sandstein in bester Qualität in sogenannter Wandfällung gebrochen. Dadurch entstanden die terrassenförmigen Grundstücke. Zurück in die Bauzeit der Häuser geht ein Brauch, der nach alter Tradition begangen wird, die Schifferfastnacht im Februar. Früher musste im Winter wegen Eisschollen die Schifffahrt ruhen. Das Ersparte war schnell aufgebraucht, wärmere Tage wurden herbeigesehnt. Unter Beteiligung des ganzen Dorfes wurde der Winter ausgelassen-fröhlich ausgetrieben. Heute helfen auch die Schiffervereine der Nachbarorte gern bei diesem Spektakel.

TIPP
Mit der Fähre Krippen–Postelwitz die Elbe zu Fuß oder mit dem Fahrrad überqueren.

Wer nicht frieren möchte, kann in der wärmeren Jahreszeit eine ganz andere Perspektive einnehmen. Die Elbwiesen auf der gegenüberliegenden Flussseite in Krippen sind perfekte Orte, um es sich gemütlich zu machen und mal gedanklich mit der Zahl sieben zu spielen. Märchenbücher sollten unbedingt dabei sein, wenn es um Siebenmeilenstiefel geht oder Schneewittchen bei sieben Zwergen Schutz und Hilfe findet, vielleicht irgendwo hinter sieben Bergen im Elbsandstein. Märchen machen nicht nur Kinder glücklich.

- Sieben-Brüder-Häuser, Elbufer 55–67, 01814 Bad Schandau OT Postelwitz
www.schifferverein-postelwitz.de
- ÖPNV: Bus 252, Fähre F3, Haltestelle Postelwitz

Sonnen-Eck

Landpartie mit Geschichte

8 Das Waldhufendorf Börnersdorf

Unweit der Autobahn 17 Dresden–Prag die Seele baumeln lassen? Das ist in Börnersdorf möglich. Der 250-Einwohner-Ort ist ruhig gelegen, typisch für sächsische Waldhufendörfer mit landwirtschaftlichen Familientraditionen. Vor 600 Jahren rodeten Bauern Wald, legten in den „Hufen" Felder und Wiesen an, nannten die neue Siedlung nach ihrem Anführer Bernhard. Ihre Nachfahren bauten im 18. und 19. Jahrhundert Drei- und Vierseithöfe auf den Hängen. Wohnstallhaus, Stallungen und Scheunen umschlossen den viereckigen Hof. Der Zugang erfolgte durch ein großes Tor. Türstöcke trugen oft einen Schlussstein mit Namensinitialen und dem Baujahr. Liebenswerte Details sind überall zu entdecken. Hinter den Höfen befinden sich Bauerngärten mit einer reichen Vielfalt an Gemüse, Obst, Blumen, Kräutern sowie Streuobstwiesen mit altem Baumbestand und wohlschmeckenden Früchten. Naschen erlaubt, wenn Kirschen oder Pflaumen saftig reif über den Gartenzaun hängen.

TIPP

Mit der Postkutsche auf historischen Pfaden unterwegs sein (www.poststrassen-erleben.de).

Schon früher lag das Dorf sehr verkehrsgünstig an der Alten Dresden-Teplitzer Poststraße. Vor 300 Jahren dienten Postmeilensäulen der Orientierung. Sie wurden vom umtriebigen starken August in Auftrag gegeben und fortlaufend nummeriert. Eine Kopie der Halbmeilensäule Nr. 14 und der originale Viertelmeilenstein Nr. 15 von 1732 sind auf Börnersdorfer Flur. Alle Entfernungsangaben erfolgten in Stunden. Eine sächsische Postmeile entsprach 2 Stunden, das sind 9,062 Kilometer. Da ist Kopfrechnen angesagt oder man fragt das Navi.

Die evangelische Kirche grüßt aus der Ferne mit ihrem massiven Turm. Eine Kopflindenallee säumt den Weg. Auf dem Friedhof ruhen unter Bäumen West-Ost-Geheimnisse. Auf früheren Grabkreuzen stand das Todesdatum 21. April 1945. An diesem Tag stürzte ein Transportflugzeug auf dem nahen Acker ab. Der gebürtige Sachse Konrad Kujau konstruierte daraus die Story von den „Hitlertagebüchern", die der „Stern" 1983 herausgab. Bald wurden sie als Fälschungen enttarnt. Später entstand dazu ein satirischer Film.

● Waldhufendorf Börnersdorf, 01816 Bad Gottleuba-Berggießhübel
www.badgottleuba-berggiesshuebel.de, www.postmeilensaeulen.de
● ÖPNV: Bus 204, Haltestelle Börnersdorf Mitte

Geschmeidig durchs Tal

9

Unterwegs mit der Kirnitzschtalbahn

Die Kirnitzsch ist die agile Grenzgängerin: Ihr böhmisches Wasser fließt nach nur 45 Kilometern in Bad Schandau in die Elbe. Sie ist die kreative Gestalterin: Die 385 Meter Höhenunterschied zwischen Quelle und Mündung formten eine besondere Landschaft aus Sandstein, begrünt durch Bäume, Farne, Moose. Sie ist wirtschaftlich am Puls der Zeit: Über Jahrhunderte boten Holzflößerei und Mühlen sicheren Broterwerb.

Heute sind naturverbundene Touristen hier unterwegs. Gut beraten ist, wer ohne Auto anreist. Parkplätze sind knapp. Ortsunkundige sind vom „Linksverkehr“ überrascht. Die Gleise für die Kirnitzschtalbahn wurden 1898 auf der engen, dem Bachlauf folgenden Straße verlegt. Hier hat die Tram einfach Vorfahrt. Sie ist die einzige elektrische Straßenbahn in einem Nationalpark. Auf rund 8 Kilometern schlängelt sich die Gelbgekleidete dank Sonnenenergie in angemessenem Tempo vom Schandauer Kurpark zum Lichtenhainer Wasserfall hautnah an den Sandsteinfelsen entlang. Die Natur ist urwüchsig. Gelbe Schwefelflechten, scheue Wasseramseln und blaue Eisvögel zeugen von gesunder Umwelt. Das jüngst eingewanderte rosa blühende Springkraut setzt Farbtupfer, ist mit seiner Verbreitungsfreude aber gefährlich.

TIPP

Aufstieg vom Wasserfall zum Kuhstall – ein Felsentor mit Aussicht. Wo sind die glücklichen Kühe?

Nostalgie schwingt mit, wenn sich der Schaffner durch die Wagen drängelt, Fahrscheine verkauft, sie mit der Lochzange entwertet und mit dem Galoppwechsler Kleingeld herausgibt. Die acht Haltestellen eröffnen Vielfalt: Botanischer Garten mit einheimischen und klimaverwandten Pflanzen, ehemalige Mühlen als Gaststätten, Hotels, Pensionen, Kletterquartiere oder Campingplatz, gut ausgebaute Wanderwege. Die richtigen Pfade weisen handgezeichnete, detailgetreue Karten des hier ansässigen Kartografen Rolf Böhm. Am Endpunkt der Fahrt kommt der Lichtenhainer Wasserfall: Der Dorfbach ist durch ein Wehr angestaut. Regelmäßig wird daran gezogen und der Bach stürzt zu Tal. Im gleichnamigen Gasthaus haben die Kellner flinke Füße beim Jonglieren leckerer Kalorien.

● Kirnitzschtalbahn, Kirnitzschtalstraße 8, 01814 Bad Schandau, Tel. (0 35 01) 7 11 10
www.ovps.de/verkehrsmittel/kirnitzschtalbahn/443
● ÖPNV: Bus 241, Haltestelle Kurpark

Bad Schandau

Basaltus trifft die Cosel

10 Die Burg Stolpen ist mehr als ein Haftort

Nur ein Buchstabe unterscheidet den Geburtsort Stolpe vom Sterbeort Stolpen. Die fast 85 Lebensjahre der Anna Constantia Reichsgräfin von Cosel füllen allerdings dicke Bücher. Die holsteinische Landadlige, eine Geborene von Brockdorff, war die Lieblings- und spätere Problemmätresse Augusts des Starken. Glückliche Zeit und tiefer Fall liegen dicht beieinander. Diesen Liebes- und Machtspielen am sächsischen Hof verdankt die Burg Stolpen ihre berühmteste Bewohnerin. Die historische Bausubstanz ist nicht barrierefrei zugänglich, wie man heute sagt. Die Verbannte verharrte trotzdem nach ihrer Dresdner Abservierung 49 Jahre bis zu ihrem Tod 1765 hinter den unüberwindbaren Mauern.

Immer noch empfängt die Gräfin Gäste. In standesgemäßer Garderobe und fein frisiert gibt sie bereitwillig Auskunft über ihr schicksalhaftes Leben in der Originalstätte ihrer Gefangenschaft. Manchmal wird diese außergewöhnliche Frau sogar in Dresden gesichtet. Dann übernimmt auf der Burg ihre Kammerzofe, nicht minder gut gekleidet, den Spaziergang durch die Gemächer und plaudert aus dem Nähkästchen. In Veranstaltungen treten starke Weiber der Jetztzeit auf. In der Kornkammer kann herrschaftlich gefeiert werden.

TIPP

Burghotel mit liebevoll gestalteten Themenzimmern in Holz – und besonders passend auch mit Basalt.

Hart wie das Schicksal der Cosel ist auch der vulkanische Basaltkegel, auf dem weithin sichtbar die mittelalterliche Anlage mit den markanten Türmen steht. 84,4 Meter nach unten führt der tiefste natursteinbelassene Basaltbrunnen der Welt, von 1607 bis 1630 gebaut. In diesen 23 Jahren wurden täglich durchschnittlich gerade mal 1,5 Zentimeter geschafft. Die mühsame Arbeit brachte die wichtige Wasserunabhängigkeit.

Heute ist der spezielle Glücksbringer Basaltus, Burggeist mit passendem Namen. Strahlend in Bronze sitzt er drehbar auf Stelen, weist mit dem Daumen an vielen Stellen den Gästen den Weg durch romantisch verwinkelte Gassen. In Stolpen geht's bergauf, hier ist man dem Himmel ein Stück näher. Oben in den vier Höfen der Burg ist Basaltus zu Hause und erschreckt gern vorwitzige Geister.

- Burg Stolpen, Schlossstraße, 10, 01833 Stolpen, Tel. (03 59 73) 2 34 10
  www.burg-stolpen.org
- ÖPNV: Bus R 234, R 261, Haltestelle Ärztehaus (10 Minuten Fußweg)

Burg

Technik wie anno dazumal

11 Die Neumannmühle im Kirnitzschtal

Eine Maus war hier. Das ist doch nichts Besonderes für eine alte Mühle. Es war „Die Maus" aus der beliebten Kindersendung. Beeindruckender als im Fernsehen ist es direkt vor Ort.
Das Mühlrad, im Jahr 2000 nach historischer Vorlage neu gebaut, ist gut sichtbar mit seinen 45 Stahlblechschaufeln. Kein Wunder bei 4,80 Meter Durchmesser. Die Kirnitzsch kann ihre Kraft auf beachtlichen 1,80 Meter Breite entfalten. Die Drehbewegung des Wasserrades wird im Inneren in eine Schubbewegung umgewandelt. Nun kann das Herzstück der Mühle, das Ein-Blatt-Sägegatter seine kraftvolle, auch ohrenbetäubende Arbeit leisten: Rundhölzer werden zu Brettern aufgeschnitten.
Das historische Innenleben nach Venezianer Bauart ist mindestens 300 Jahre alt, nahezu unverändert erhalten, dank umsichtig pflegender Besitzergenerationen und des engagierten Vereins der Jetztzeit. Ein zweites Standbein war die Holzschleiferei für Papier- und Bierdeckelherstellung. Die Entwässerungsmaschine mit Pumpen, Leitungen und Transmission entspricht dem Stand von 1870/1871, die älteste weltweit erhaltene Anlage dieser Art. Die Mühle ist als technisches Denkmal von Ostern bis Oktober täglich geöffnet, außer montags. Pfingstmontag ist allerdings viel los: Zum Deutschen Mühlentag sind fachkundige Einblicke in die Arbeitswelt von gestern und die heutige Nutzung garantiert. Wandernde erreichen die Mühle über den Flößersteig, gut gekennzeichnet mit grünem Schrägstrich auf weißem Grund. Die Infotafeln dieses Naturlehrpfades vermitteln Wissenswertes über den Holztransport aus der hinteren Sächsischen Schweiz, abenteuerlich anstrengend, aber kostengünstig und zeitsparend. Der Weg ist eine gute Wahl für heiße Sommertage. Er verläuft überwiegend schattig, die Füße können im Bach gekühlt werden. Dabei Rindenboote aus Holzfundstücken bauen oder Wasserräder, die eine Minimühle antreiben. Wer geschafft ist, findet in der gemütlichen Berghütte nebenan 35 einfache Schlafsackplätze auf dem Touristenboden – besser vorher reservieren.

TIPP
Abgewanderte Kalorien im Wirtshaus oder Biergarten auf der anderen Straßenseite wieder anessen.

- Schauanlage Neumannmühle, Kirnitzschtalstraße 5, 01855 Sebnitz OT Ottendorf, Tel. (03 59 71) 5 74 89, www.neumann-muehle.de
- ÖPNV: Bus 241, Haltestelle Neumannmühle

Technisches Denkmal

Auf Bad Schandaus Höhen

12 Per Aufzug zu Sendig-Villen und Emmabank

Visionen sind immer gut, noch besser ist, wenn sie realisiert werden. Ein Visionär und Macher war der Bad Schandauer Hotelier Rudolf Sendig. Er ließ auf dem Plateau von Ostrau, hoch über der Kurstadt, ab 1903 ein Areal mit prächtigen Landhausvillen im Schweizer Stil anlegen. Diese Holzhäuser sind noch immer wahre Schmuckstücke. Einige bieten sogar Gästezimmer an. Bei der Verkehrsanbindung 1905 vertraute er erneut auf ein eidgenössisches Vorbild. Der historische Personenaufzug mit seiner frei stehenden Stahlfachwerkkonstruktion ist der kleine Bruder des Hammetschwandliftes am Vierwaldstätter See. Nur das Feinste vom Feinen wurde gebaut, funktioniert dank regelmäßiger Pflege wie ein Schweizer Uhrwerk und bietet in 52 Metern Elbtal-Augenschmaus.

TIPP

Am Nachmittag beleuchtet die Sonne die stark zerklüftete Schrammsteinkette besonders attraktiv.

Nach so viel Originalschweiz spielt die Sächsische wieder die Hauptrolle. Ein kleiner Anstieg führt zu den Sendig-Villen. Der Emmabankweg geht dann an Feldern entlang, immer die imposanten Schrammsteine im Blick. Im Wald zeichnet sich eine Bank ab, ein ganz profanes Baumarktexemplar. Unbezahlbar ist dagegen der traumhafte Blick über die Felsen ins Elbtal. Das Gute: Hier ist es ruhig, meist ist man allein. Kaum zu verstehen, denn die große Falkenstein-Klinik ist nur eine Therapiepausenlänge entfernt. Gibt es keine Kurschatten mehr? Ein Spaziergang könnte schneller zum Rehaerfolg führen. Oder steht gerade keine Emma in der Patientenliste? Woher kommt der Name? Rudolf hat diesmal die Hände nicht im Spiel. Seine Frau, die als Tochter eines Dresdner Hotelbesitzers und Weinhändlers viel touristisches Fachwissen in die Beziehung einbrachte, hieß Lucile. Die Lösung: Anfang des 20. Jahrhunderts war der Vorname Emma so beliebt wie heute.

Also das richtige Ziel, um mit der Lieblingsenkeltochter auf Mädelstour zu gehen. Oder der passende Ort, um die neuste Ausgabe der gleichnamigen Frauenzeitschrift zu lesen. Oder lieber Udo Jürgens lauschen, der sich Gedanken macht über das Glück des Augenblicks, das zum Augenblick des Glücks wird.

- Sendig-Villen mit Emmabank, Emmabankweg, 01814 Bad Schandau OT Ostrau www.bad-schandau.de
- ÖPNV: Historischer Aufzug in der Rudolf-Sendig-Straße

Unvollendete Sinfonie

13

Der bezaubernde Barockgarten Großsedlitz

Rund 100 Höhenmeter trennen Elbtal und Hochebene. Wer vom S-Bahnhof zum Barockgarten aufsteigt, sollte die Route mit Augenzwinkern wählen. Die Apfelallee ist für jung verliebte, die Kastanien-Linden-Allee für gemeinsam alt gewordene Ehepaare. Glücklicherweise führen beide Wege zum großen Gartenportal, wo sich ein berauschender Ausblick bietet. Die Zeitreise geht 300 Jahre zurück in die Glanzzeit des sächsischen Barocks. Der damalige Bauminister, Reichsgraf von Wackerbarth, ließ sich 1720 südlich von Dresden einen privaten Landsitz errichten. Sein Dienstherr, August der Starke, fand Gefallen an der Idee, schnappte ihm das entstehende Paradies weg. Ein sächsisches Versailles sollte es werden, ein traumhaft unvollendetes Großsedlitz ist es geworden. Breite Treppenanlagen mit prächtigen Balustraden laden auf mehreren Ebenen zum Flanieren ein. Natur kann man bändigen, wie die akkurat geschnittenen Hainbuchenhecken beweisen. In ihren verwinkelten Labyrinthen und lauschigen Nischen verstecken sich Skulpturen und Schmuckvasen – oder sie stehen dominant an breiten Sichtachsen. Darunter sind 24 Originale, die zu den reifsten Leistungen sächsischer Bildhauer des 18. Jahrhunderts zählen. Bewundernswert sind die aus dem Sandstein fein ausgearbeiteten Details, wie der Faltenwurf der Gewänder und die Gesichtsausdrücke.

TIPP

Gaumenfreuden auf der Terrasse am Café Friedrichschlösschen mit Blick über die barocke Landschaft.

Im oberen Parterre der Gartenanlage bilden in Buchsbaum gefasste bunte Blumenrabatten duftende Rahmen für Wasserspiele in Regenbogenfarben. Von Mai bis Oktober genießen 400 Kübelpflanzen die Freiluftsaison. 140 Zitrusbäume balancieren grüne Kugelkronen auf dünnen Stämmen. Zwischen den Blättern glühen gelbrote Sonnen, später als Pomeranzenmarmelade ein beliebtes essbares Mitbringsel. In sommerleeren Orangerien sind bildende und darstellende Künstler zu Gast. Die Verliebten der Apfelallee können im besonderen Ambiente heiraten. Der erste Weg der glücklich Vermählten führt zu acht steinernen Liebespaaren der antiken Mythologie, die sich im Park ein Stelldichein geben.

- Barockgarten Großsedlitz, Parkstraße 85, 01809 Heidenau, Tel. (0 35 29) 5 63 90 www.barockgarten-grosssedlitz.de
- ÖPNV: S 1, S 2, Bahnhof Heidenau-Großsedlitz (25 Minuten Fußweg)

Hop-on/Hop-off

14 Nationalparkbahn Sächsisch-Böhmische Schweiz

Entspannt zurücklehnen, mit augenfreundlichem Tempo die Landschaft klimatisiert an sich vorbeiziehen lassen – das wär's doch. Dafür ist die Nationalparkbahn bestens geeignet. Auch wenn sie die Bezeichnung U28 trägt: Es gibt keine Altersbegrenzung, alle sind eingeladen. Die Angabe verrät die Regionalzugehörigkeit zum böhmischen Kreis Ústí nad Labem. Sie fährt täglich im 2-Stunden-Takt von Děčín über Bad Schandau und Sebnitz nach Rumburk – und natürlich zurück. Für die 65 Kilometer lange Strecke vom Elb- über das Sebnitztal bis zum Schluckenauer Zipfel benötigt sie bahntypisch exakt 1 Stunde und 42 Minuten. Die Durchschnittsgeschwindigkeit von rund 38 Kilometern pro Stunde kann man als wohltemporiert bezeichnen. Sie ist nicht nur willkommene Entschleunigung für die Fahrgäste, sondern auch für die niederflurigen Desiro-Triebwagen der Baureihe 642. Immerhin sind sie auf einer anspruchsvoll steilen Strecke vom Tal auf die Höhen unterwegs. Allein die Sebnitz, das sich durchs Gebirge windende Flüsschen, wird mit 28 größeren und 41 kleineren Brücken überquert. Dazu kommen zwei sehenswerte Viadukte sowie die Carolabrücke, eine Stabbogenbrücke, über die Elbe. Nicht zu vergessen sind sieben Tunnel mit fast 1000 Metern Gesamtlänge. So beeindruckende Zahlen führten in Anlehnung ans österreichische Vorbild zur Bezeichnung Sächsisch-Böhmische Semmeringbahn.

TIPP

Ganztags unterwegs: Grenzüberschreitendes Elbe-Labe-Ticket, auch für andere Züge und Busse.

Wer das aus anderer Perspektive anschauen möchte: Kein Problem. Bei 27 Zwischenstopps fällt die Entscheidung schwer oder doch nicht. 15 Ausflugsrouten mit Start und Ziel an Bahnhöfen bzw. Haltepunkten der Nationalparkbahn laden ein. Weniger Bekanntes der grenzübergreifenden Region lässt sich gut erwandern. Auch die beiden Endpunkte bieten Sehenswertes. In Děčín sind das Barockschloss mit seiner Vielfalt und der Rosengarten hoch über der Stadt einen Besuch wert. Die Loretokapelle in Rumburk, eine Nachbildung der im italienischen Wallfahrtsort verehrten Basilika, ist ein bedeutender Kirchengeschichtsschatz Nordböhmens.

- Nationalparkbahn U 28 ab Bahnhof Bad Schandau, 01814 Bad Schandau, Tel. (03 51) 8 52 65 55, www.vvo-online.de/U28
- ÖPNV: S 1, Haltestelle U28 Nationalparkbahnhof

Lichtabhängig entdecken

15 Der SonnenUhrenWeg in Krippen entschleunigt

Direkt an der Elbe liegt das idyllische Krippen. Die Sonne erfüllt hier eine besondere Aufgabe. Sie betreibt 30 öffentlich gut einsehbare Uhren. Das geschieht nicht mit Umweg über monotone Photovoltaikanlagen, sondern direkt mit Schattenwurf auf facetten- und farbreich gestaltete Unikate. Sie sind schmückende Zeitmesser oder zeitmessender Schmuck. Pünktlichkeitsfanatiker sind begeistert von so viel Vergleich, runzeln allerdings beim Blick auf Armbanduhr oder Smartphone wegen kleiner Abweichungen die Stirn. Das ist im Urlaub glücklicherweise locker zu sehen. Sonnenuhren sind unabhängig von festen Zeitzonen, unterliegen den Gesetzen der Himmelsmechanik.

Warum gibt es gerade hier so eine Fülle? Es begann Ende der 1960er-Jahre. Der Lehrer Gerd Englick übertrug sein Astronomie- und Mathematikwissen in die Praxis, stellte im Garten eine Sonnenuhr auf. Das weckte Neugier bei Touristen. Einwohner fanden es auch toll. Die Zahl wuchs auf 30 an Wänden, Giebeln, im Gelände dank aktiver Mitwirkung der Eigentümer sowie der Kreativität von Handwerkern und Künstlern der Region. 2007 wurde der SonnenUhrenWeg mit rund 3 Kilometern ausgeschildert. 2 entschleunigte Stunden sollte man einplanen. Am besten Start und Ziel an der Grünanlage am Markplatz, wo sich eine Horizontaluhr mit zwei Lochkreisen für Sommer- und Normalzeit befindet.

TIPP

Entlang der Route Einkehr in eins der Lokale, wo ebenfalls Sonnenuhren zu entdecken sind.

Ein unterhaltsames Suchspiel beginnt, gern mit Kindern. Das strahlende Logo in Gelb und Blau zeigt den Weg. In Elbnähe dominiert die Schifffahrt, am Dorfende hat ein ausgedienter Mühlstein vor der Grundmühle eine neue Aufgabe. Hier bringt ein Vogel einen Liebesbrief, da weist ein Bienenstock auf den Hobbyimker hin, am Kindergarten zeigt Pinocchios Nase die Stunde an. Tafeln erzählen Geschichten zu Motiven, Ereignissen, Persönlichkeiten sowie den gemalten, geschnitzten, geschmiedeten Materialien. Passende Sprichworte sind auch zu entdecken, wie „Die dunklen Stunden zähl ich nicht“ oder „Wer der Sonne entgegen wandert, lässt den Schatten hinter sich.“

- SonnenUhrenWeg über Elb- und Bächelweg sowie Gottlob-Keller-Straße, 01814 Bad Schandau OT Krippen, www.bad-schandau.de
- ÖPNV: S 1, U 28, Haltestelle Bahnhof Krippen

12
12
3
3
6
6

Regional, frisch, gesund

16 Sächsisch-Böhmischer Bauernmarkt in Röhrsdorf

Ein entspannter Familientag kann im Süden Dresdens so aussehen: Anreise am späten Vormittag zum Sächsisch-Böhmischen Bauernmarkt. Er ist im alten Landgut des Schlosses Röhrsdorf beheimatet, dessen Torbogen einen Schlussstein von 1599 trägt. Erst mal Tiere schauen. Wie geht es den Kaninchen, Hühnern, Enten, Ziegen? Dann ein leckeres gemeinsames Mittagessen mit regionalen Klassikern in der Bauernschänke. Zum Kalorienabbau ein Verdauungsspaziergang durch den Röhrsdorfer Grund. Hier wurde 1771 eine der ersten sächsischen Parkanlagen im englischen Stil unter dem gartenbegeisterten Rittergutsbesitzer Georg Heinrich I. von Carlowitz angelegt. Die ursprüngliche Schönheit ist 250 Jahre später nur noch zu erahnen. Das macht die Entdeckungstour spannend. Mit Geduld und Fantasie können an Monumenten und Gedenksteinen verwitterte Inschriften entziffert werden. Entlang des Bächleins Briese geht es mit Vogelgezwitscher leicht bergan. Plötzlich eröffnet sich ein traumhaftes Panorama über Obstplantagen bis zur Sächsisch-Böhmischen Schweiz.

TIPP

Die Tour ist als Röhrsdorfer Grund und als Apfelrundweg mit einigen Infotafeln ausgeschildert.

Welch gute Idee, dass vor Wanderstart eine Tüte mit Gebäck aus dem Angebot der Pfarrgut-Bäckerei Taubenheim besorgt wurde. Am überdachten Picknickplatz mit Traumblick greifen alle gern zu. Später geht es zwischen Feldern und durchs Dorf zurück zum Erlebnishof. Nun kann gleich in Beck's Obstscheune der Vitaminvorrat für die nächsten Tage gekauft werden, je nach Saison Beeren, Kirschen, Birnen und natürlich Äpfel. Die Landfleischerei Struppen garantiert Herkunft und Vermarktung aus einer Hand, also Hausmacherwurst nach traditionellem Rezept mitnehmen. Böhmische Spezialitäten gibt's nebenan – von Knödeln über Käse bis zu Oblaten. Die regionalen Erzeuger des Bunten Marktes bieten fast alles, was einen Wocheneinkauf ausmacht.

Ein entspannter Tag kann auch ganz anders aussehen: Beim Frühlings- oder Adventsmarkt dabei sein, mit dem Verein in der Veranstaltungsscheune feiern, mit Freunden im September und Oktober bei der Apfel-Selbstpflücke aktiv sein.

- Sächsisch-Böhmischer Bauernmarkt, Am Landgut 1, 01809 Dohna OT Röhrsdorf, Tel. (03 51) 2 70 48 40, www.sbbm-dohna.de
- ÖPNV: Bus 89, Haltestelle Röhrsdorf Am Landgut

Alle
Äpfel und Birnen
stammen aus
eigenem Anbau
Elstar
Pinova

Aromatisch kalt gepresst

17 Porschendorfer Mühle Ölmanufaktur & Hofladen

„Heute geöffnet" steht gut lesbar auf der Tafel – jeden Sonnabendvormittag sowie am Mittwoch- und Freitagnachmittag. Die geschickte Kombination aus kleinem Hofladen und geschichtsträchtigem Museum begeistert sofort. Eine historische Hammermühle füllt die Raummitte. Auf einer Hobelbank warten neun naturbelassene Öle in handlichen Flaschen auf ihren leckeren Einsatz in der vorwiegend kalten Küche. Infos zu Inhaltsstoffen und Rezepte liegen bereit.

Leinöl ist bekannt. Was ist Leindotteröl? Das Urgetreide der Kelten ist verwandt mit Raps, wird im Erzgebirge angebaut und hier gepresst. Also probieren, ebenso wie die hauseigene Dreierkreation „Pirnaer Feinschmeckeröle", das regionale Unikat. In einem Küchenschrank aus Großmutters Zeiten warten Produkte lokaler Kleinerzeuger auf Landverliebte. Von Süßem über Essig bis zu Seifen – unter dem geschützten Label „Gutes von hier".

Mühlen-Gene werden vererbt, erzeugen Kraft in schlechten Zeiten und Kreativität für Neues. An der Wesenitz gab es immer Hochs und Tiefs: Zerstörung durch Fluten, begehrtes Streumehl, Verstaatlichung in den 1970er-Jahren, Schließung nach der Währungsunion.

Nun die Ölidee mit einer Presse, die einem großen Fleischwolf ähnelt. Aus 25 Kilogramm aufgeplatzter Samenkörner werden in 5 Stunden bei 35 Grad Celsius 10 Liter Öl, später per Hand abgefüllt und etikettiert – Entschleunigung pur. Am Giebel steht „Der Müller ist ein adlig' Kind – es arbeiten für ihn Wasser & Wind" – und zum Glück für Jung-Müllerin Carola die freundlich zupackende Familie. Facebook, YouTube und Onlineverkauf sind Pfade in die Zukunft.

Zum Deutschen Mühlentag reißt das Interesse am früheren Leben und Wirken nicht ab. Originale Maschinen und Utensilien sind zu bestaunen. Wer es individueller mag, sollte eine Führung buchen, gern abgerundet mit Deftigem oder frischem Kuchen vom Landbäcker. In den Ferienwohnungen Mühlenstube und Dachidyll sind schon die Betten bezogen, klassisch rot-weiß-kariert.

TIPP

Der gut befahrbare Radweg auf einem ehemaligen Bahndamm führt vom Dresdner Stadtrand hierher.

- Porschendorfer Mühle Ölmanufaktur & Hofladen, Lindenstraße 17, 01833 Dürrröhrsdorf-Dittersbach OT Porschendorf, Tel. (01 70) 8 22 61 74 www.porschendorfer-muehle.de
- ÖPNV: Bus 236, Haltestelle Erbgericht

Die Hammermühlen

Paradiesische Früchte

18 Streifzug durch die Obstplantagen bei Borthen

Unsere Natur braucht keine gedruckten oder digitalen Kalender. Sie hat ihre innere Uhr.

Anfang Mai dominieren strahlendes Weiß und zartes Rosa der Kirsch- und Apfelblüten auf frischem Grün. Südlich von Dresden bis zur Sächsischen Schweiz stehen weite Obstplantagen in voller Pracht. In Borthen ist am ersten vollen Wochenende des Wonnemonats das Blütenfest Anziehungspunkt für die gesamte Familie. Bei einer Wiesenwanderung zwischen den Baumreihen braucht es Fantasie, um sich vorzustellen, dass in wenigen Monaten saftiges Sommer- und Herbstobst quasi in den Mund wächst. Das kann wörtlich genommen werden, denn einige Obstbaubetriebe bieten die beliebte Selbstpflücke für Kern-, Stein- und Beerenobst an. Bei dieser Ernteform darf genascht oder der Kirschkernweitspuckmeister gekrönt werden. Nach getaner Arbeit ist ein leichter Wein aus dem Elbtal das passende Getränk beim Sonnenuntergang. Wird er mit selbst geernteten Erdbeeren aufgepeppt, entsteht eine fruchtige Sommerbowle, die selbst Smoothie-Fans nicht verachten.

TIPP
Übernachten in der Strohhutmanufaktur Dresden, wo früher Strohhüte für Obstbauern genäht wurden.

Der Apfel bleibt die beliebteste Frucht. Das Wasser läuft den Süßmäulern im Mund zusammen beim Gedanken an den Duft von Apfel-Streusel-Kuchen mit Sahne oder an regionaltypische Quarkkeulchen mit Apfelmus aus der flotten Lotte.

Obstbau hat Tradition in Sachsen. Im 16. Jahrhundert führte Kurfürst August das Ehestandsgesetz ein. Als leidenschaftlicher Gärtner verlangte er von den Eheleuten, im ersten Jahr vier gute Obstbäume auf eigenem Boden zu setzen und zu pflegen. Einfach nachhaltig, diese Idee aus dem Herrscherhaus. Die über 800-jährige Erbmonarchie der Wettiner endete 1918. Gekrönte Häupter gibt es immer noch – auf Zeit und mit Spezialaufgaben. Die Sächsische Blütenkönigin ist auch Obstkönigin, denn sowohl zarte Blüten als auch knackige Früchte sind ihr Metier. Sie ist absolute Fachfrau mit viel Charme, kennt die Sorten, ihre Ansprüche und Verwendungsmöglichkeiten ebenso wie Geschichten um den Liebesapfel, den Zankapfel oder das Märchen von Schneewittchen.

- Obstplantagen, rund um Borthen und Röhrsdorf bis auf die Höhen von Pirna
  www.bluetenfestverein.de
- ÖPNV: Bus 89, Haltestelle Borthen Dorfplatz oder Röhrsdorf Am Landgut

Goethe bildlich erleben

19

Das Belvedere Schöne Höhe in Dittersbach

Belvedere Schöne Höhe ist sprachlich eine Doppelung, inhaltlich absolut keine Übertreibung. Vom Aussichtsturm mit seinen Zinnen bietet sich ein traumhafter Blick übers östliche Sachsen. Im Inneren lädt ein kleiner, feiner Saal zum Staunen und Innehalten ein. Goetheballaden werden durch lebensgroße, farbenfrohe Bild- und Textfresken lebendig. Wieso verfügt das Dorf Dittersbach über so einen Schatz?

Johann Gottlob von Quandt hat sich seinen Traum erfüllt. Er erwarb 1830 das Rittergut, betrieb erfolgreich Landwirtschaft. Der gebürtige Leipziger und Wahldresdner war mit den Geistesgrößen seiner Zeit befreundet. Er war Sammler, Mäzen, Mitbegründer des ersten Sächsischen Kunstvereins und glühender Goetheverehrer. Als 21-Jähriger lernte er ihn in Karlsbad kennen, hielt persönlich und brieflich Kontakt, wollte dem hochgeschätzten Dichter ein Denkmal setzen. Quandt nutzte sein Netzwerk junger Dresdner Eliten. Joseph Thürmer entwarf das Gebäude, Carl Peschel führte die Freskenmalerei aus, von Gottfried Semper stammen die Entwürfe der Holzbalkendecke.

TIPP

Die Berggaststätte nebenan bietet Stärkung – der Schlüssel für den Turmaufstieg liegt bereit.

Ein wechselvolles Schicksal führte später zur Schließung. 1987 wurde der Aussichtsturm neu eröffnet. 1996 gründete sich der Quandt-Verein. Die Gemeinde kaufte das Grundstück. Diverse Finanzquellen wurden für die umfangreiche Sanierung erschlossen, Eigenleistungen erbracht. Regionale Restauratoren und Handwerker legten fachmännisch Hand an. Seit 2001 erstrahlt der Trau- und Konzertsaal mit den beeindruckenden Fresken wieder, ein Gesamtkunstwerk der Verschmelzung von Malerei und Dichtung. Eine Goethebüste in klassischer Haltung beobachtet das Geschehen. Früher ein Freund der Künste, heute rührige Bürger – zwei Glücksfälle für Dittersbach, für Brautpaare und Wanderer. Deshalb unbedingt den Stein des guten Glücks am Eingang berühren. Spannende Details zu den Fresken, wie „Der Sänger", „Der Fischer", „Der Erlkönig" verraten engagierte Vereinsmitglieder von Ostern bis Oktober jeden Sonntagnachmittag oder auf Anfrage.

- Belvedere Schöne Höhe, An der Schönen Höhe, 01833 Dürrröhrsdorf-Dittersbach
www.quandt-verein.de
- ÖPNV: Bus 234, Haltestelle Dittersbach Markt; RB 71, Bahnhof Dürrröhrsdorf
(jeweils 30 Minuten Fußweg)

Entspannt pedalieren

20 Auf dem Elberadweg durch die schönste Schweiz

Eine Radtour verträgt Stopps. Auf der Wiese die Decke ausbreiten und genießen: Ein selbst gezaubertes Picknick und die besondere Landschaft. Die Füße abkühlen in der Elbe, die als Labe im tschechischen Riesengebirge entspringt, nach 1200 Kilometern in die Nordsee mündet. Sie ist mit rund 3 Kilometern pro Stunde unterwegs. Eine gelbe Quietscheente wäre in einer Woche staustufenfrei in Hamburg. Sandstein ist zum Greifen nah. Doch mit mehr Abstand setzen sich die majestätischen Felsen noch besser in Szene. Also mit der nächsten Fähre auf die andere Elbseite wechseln. Tageszeit und Sonne sind ebenfalls wichtige Entscheider. Selbst wenn der Fahrtwind massierend kühlt, kann Schatten angenehm sein. Vom Weg abkommen ist unmöglich. Flusslauf und gute Ausschilderung geben Orientierung. Das kostenfreie Elberadweg-Handbuch sollte auf der Lenkertasche doch gut sichtbar sein, denn Schutzhütten, Werkstätten und radfreundliche Unterkünfte sind wichtig. Das flache Profil bietet angenehmen Fahrspaß. Kleines Fremdradeln ist erlaubt, wenn das Gefährt geländetauglich ist. Abseits des Tals führen speziell ausgewiesene Radrouten mit starken Anstiegen, fantastischen Aussichten und steilen Abfahrten durch den Nationalpark. In der Saison sind Fahrradbusse unterwegs.

TIPP

Rastplatz mit verschließbaren Fahrradgaragen, Gepäckboxen und E-Bike-Aufladung in Oberrathen.

Wer bei der Reiseplanung auf Insider setzt, der vertraut AugustusTours, seit 1998 der Spezialist mit Ortskenntnis und mittlerweile europaweiter Erfahrung. Organisiert wird unkompliziert in Eigenregie, nichts ist von der Stange. Praxisbewährte, selbst abgeradelte Bausteinideen werden zur Wunschtour für Individualisten, Familien oder Vereine verschmolzen. Variabilität ist buchbar: Mit oder ohne Reiseleitung, mit flexiblen Etappenlängen, perfektem Rundumservice für Unterkünfte, Gepäcktransport, mietbaren Tourenfahrrädern und E-Bikes. Für Entspannte sind Bummeltouren mit vielen Pausen im Angebot, für Genussvolle werden die schönen Dinge des Lebens kombiniert – gern über die 35 traumhaften Kilometer im Elbsandsteingebirge hinaus.

- Elberadweg, www.elberadweg.de
- AugustusTours, Turnerweg 6, 01097 Dresden, Tel. (03 51) 5 63 48 20 www.augustustours.de
- ÖPNV: S 1, zehn Bahnhöfe, z. B. Pirna und Bad Schandau

Baden in Licht und Musik

21

Die Toskana Therme in Bad Schandau

Ein Ufo ist passgenau zwischen der Kirnitzsch-Elb-Mündung, den Sandsteinwänden und der St.-Johannis-Kirche in Bad Schandau gelandet. Es ist natürlich kein unbekanntes Flugobjekt, sondern die farbenfrohe, am Abend stimmungsvoll erleuchtete Wohlfühloase Toskana Therme. Mit zeitgemäßen Wellnessangeboten ergänzt sie perfekt die traditionellen Kur- und Therapieeinrichtungen im staatlich anerkannten Kneippkurort Bad Schandau. Nach auspowerndem Klettern, straffem Wandern oder halbtägigem Radfahren ist einfach Entspannen angesagt. Die natürlichen Verbündeten beim Relaxen sind Wasser, Wärme, Klang und Licht. Muskeln und Haut werden im Whirlpool angenehm massiert, manchmal perlt das Thermalwasser wie Champagner. Sich einfach fallen lassen, doch nicht untergehen, schweben wie im Toten Meer – das ist Glückszauber, der durch Musik, Licht und Kuppelvideoprojektionen noch verstärkt wird.

TIPP

St.-Johannis-Kirche mit Renaissancealtar, der vorher rund 400 Jahre in zwei Dresdner Kirchen stand.

Die großzügige Saunawelt überrascht mit Blockhauspanorama oder Sächsischer Badestube mit Dampfkabine. Wer frische Luft bevorzugt – kein Problem. Von der Liegewiese am Außenpool gibt es eine ganz andere Perspektive auf die Felsenwelt. An der Beach Bar am Elbufer locken leckere Cocktails, Sand umspielt die schuhbefreiten Füße. Wenn der kleine Hunger kommt, passt leichte mediterrane Kost oder ein feines italienisches Eis im Ristorante perfekt zur toskanischen Thermenphilosophie.

Herbststürme ziehen übers Land, kalte Luft zaubert Nebelschleier oder Schnee – da lohnt sich eine Tageskarte. Wohlige Wärme und warme Farben tun Körper und Seele gut. Höhenfans, die Entspannung mit malerischer Aussicht suchen, sind im Aurorabad mit Sonnenterrasse richtig. Es befindet sich, nur wenige Meter entfernt, in der oberen Etage des Hotels Elbresidenz. Zwischen Elbpromenade und Markt kann man auch übernachten, sogar nachhaltig. Wer genau hinschaut, entdeckt sowohl außen als auch innen, dass ehemalige Hotels und Wohngebäude zum imposanten Hingucker zusammengefügt sind. Bäderhistorie, die kein Neubau bietet.

- Toskana Therme Bad Schandau, Rudolf-Sendig-Straße 8 a, 01814 Bad Schandau, Tel. (03 50 22) 5 46 10, www.toskana-therme.com
- ÖPNV: S 1, Bahnhof Bad Schandau, dann Fähre (5 Minuten Fußweg)

Der große Bruder grüßt

22

Auf der Ebenheit thront der Lilienstein

Ein markanter dunkler Tafelberg begeistert über der 180-Grad-Elbschleife: der Lilienstein, allseits bekannt als Logo des Nationalparks Sächsische Schweiz, in Natura. Er wirkt wie der kleine Bruder des Königsteins, obwohl er sein Pendant um 55 Meter überragt. Der einzige rechtselbische Tafelberg ist pure Natur, kein Ziel des Massentourismus und den aktiven Wanderern vorbehalten. Das zeigt sich von Anbeginn. Es gibt keinen Aufzug, nur eine Materialseilbahn. Sie transportiert Leckeres nach oben, um das Kaloriengleichgewicht nach dem Aufstieg wieder herzustellen. Die Eroberer müssen auf agile Füße, bewegliche Gelenke und gut trainierte Beinmuskeln vertrauen. Bei der Halbtagswanderung können auch Wanderstöcke von Vorteil sein.

Werbeträchtig wäre, wenn Johann Wolfgang von Goethe bei einem Besuch auf dem Lilienstein verkündet hätte: „Nur wo du zu Fuß warst, bist du auch wirklich gewesen." Leider war der Dichterfürst nie hier und der Spruch wird ihm auch nur zugeschrieben. Er schildert wunderbar die Situation. Glücklicherweise hat es der in Sachsen oft genannte August der Starke 1709 nach oben geschafft. Dafür wurden erste Stufen in den Sandstein geschlagen. Das Gipfelplateau kann wahlweise auf der Nord- oder Südtour erreicht und wieder verlassen werden. Die Kombination aus beiden ergibt wortwörtlich eine aussichtsreiche Runde. Neben gemütlichen Waldwegen überwinden viele Stufen aus Stein, Holz und Metall die rund 200 Höhenmeter. Die Mühen werden durch fantastische Ausblicke belohnt.

TIPP

Die familienfreundliche Naturerlebnisstation und Spielwiese Sellnitz am Fuße des Liliensteins.

An einer exponierten Massivwand sind Bergsteiger zu entdecken. Wieso? Nur an frei stehenden Gipfeln ist das Klettern erlaubt! Als Ausnahme genehmigt: Die langen und beliebten Anstiege der Westecke. Die schon angekündigte Stärkung ist von April bis Oktober in der Felsgaststätte möglich. Nebenan steht der Wettiner-Obelisk in Form einer Kursächsischen Postmeilensäule. Er wurde 1889 zur 800-Jahr-Feier des damaligen Königshauses aufgestellt, hat sandsteintypisch die Zeit überlebt.

- Lilienstein, 01814 Bad Schandau, www.koenigstein-sachsen.de
- ÖPNV: Saison-Bus 253, Haltestelle Waltersdorf, Parkplatz Lilienstein

Stundenlang fern-sehen

23 Auf den Gohrisch bei Sonnenauf- oder untergang

Der Wecker klingelt mitten in der Nacht. Die Thermoskanne mit Lindenblütentee und die vorbereiteten Häppchen werden in den Rucksack gepackt. Los geht's, diesmal mit dem Auto, denn um diese Zeit fährt kein Bus. Am Wanderparkplatz Papststein werden die Stirnlampen aufgesetzt. Das Ziel ist klar: der Gipfel des Gohrisch. Nach einer halben Stunde wird er in der Morgendämmerung rechtzeitig erreicht. Kaum zu glauben, schon drei Frühaufsteher sind da, die auch den Sonnenaufgang von diesem wunderbaren Platz aus verfolgen wollen. Gemeinsam kann man sich kaum sattsehen am himmlischen Farbspiel über den Nebelschleiern der umgebenden Tafelberge. Jede kleine Veränderung wird im Gedächtnis gespeichert und sicherheitshalber auch fotografisch festgehalten.

TIPP
Kurort Gohrisch ist seit 1869 Sommerfrische, die erste der Sächsischen Schweiz. Wer findet Spuren?

Glück beginnt da, wo man die Zeit vergisst. Doch irgendwann meldet sich der kleine Hunger. Kann es einen besseren Frühstücksort geben als die Schutzhütte mit Traumblick? Für dieses tolle Gefühl lohnt es sich, den Nachtschlaf zu verkürzen. An der Wetterfahne wird später Abschied vom Gohrisch genommen.
Nach dem Abstieg ist die Frage, was an so einem Frühstartertag noch machbar wäre? Eine Idee ist die informative Bodenlehrpfadrunde. Bei aller landschaftlicher Verzückung erhält der Boden wenig Aufmerksamkeit. Er ist Lebensraum, Wasserspeicher, Schadstofffilter. In kleinen Gruben werden Bodenprofile vorgestellt, auf neun Tafeln erläutert. Durch das Maskottchen, einen wandernden Maulwurf, sind wissbegierige Kinder sofort begeistert. Am Waldrand nahe dem Rastplatz Onkel Pauls Ruhe ist ein Steinhaufen. Es gibt viel zu entdecken: Er ist das Zuhause für Mäuse, Eidechsen, Käfer, Spinnen, Wildbienen, bietet Schutz vor Regen und Kälte, ist Brutplatz und durch angesiedelte Pflanzen Nahrungsquelle.
So ein Tag lässt sich auch gut für Langschläfer kombinieren. Sie drehen am Nachmittag die Bodenrunde, steigen über den romantisch anspruchsvollen Weg durch die Falkenschlucht auf den Gipfel und verfolgen dann den traumhaften Untergang der Sonne.

- Gohrischgipfel, 01824 Kurort Gohrisch, www.gohrisch.de
- ÖPNV: Bus 244, Haltestelle Papstdorf Papststein

Eine l(i)ebenswerte Insel

24

Der Camping- und Freizeitpark LuxOase

In einer grünen Oase die Kräfte für den weiteren Weg stärken – ein wunderbares Gefühl. So ein Glücksort ist der Camping- und Freizeitpark Kleinröhrsdorf, eine junge Anlage umgeben von Natur und gleichzeitig zentraler Ausgangspunkt für Touren im Dreieck Sächsische Schweiz, Lausitz, Dresden. Auswahl ist hier Konzept. Liebenswerte Gegensätze ziehen sich an. Die Stellplätze garantieren respektvollen Abstand und doch ergeben sich schnell neue Kontakte. Die ruhige, idyllische Lage ermöglicht Baden im Natursee, mit Zugang durch Buchten im Schilfgürtel. Ein kleiner Bach sorgt für permanente Frischwasserzufuhr. Indoor lädt eine Gegenstromanlage zu persönlichen Schwimmrekorden ein. Die gemütliche finnische Sauna begeistert Liebhaber höherer Temperaturen. Der Erlebnisduschgang punktet mit Tropenregendusche und Vogelgezwitscher.

Kochen mit der Familie macht Spaß. Die rollende Küche ist sowieso dabei. Alles vom frischen Brötchen bis zu regionalen Produkten gibt's im SB-Shop. Oder doch mal verwöhnen lassen? Das Restaurant Seeterrasse lockt mit wechselnden Spezialitätentagen. Ein frisch gezapftes Radeberger Pilsner gehört einfach dazu. Die unweit beheimatete Brauerei kann besichtigt werden. Langeweile und schlechtes Wetter kennen Kids und Teenies nicht. Im Freien begeistern die Naturspielelandschaft mit Höhlen oder die 30-Meter-Seilbahn. Für Piraten steht ein Schiff zum Entern bereit. Drinnen lockt die geräumige Spielgalerie auf dem zweistöckigen Netz- und Kletterturm. Nach unten geht's über die fetzige Röhrenrutsche in den Ballpool. Wer will, kann sich richtig auspowern bei Beachvolleyball, auf dem Bolzplatz oder der Minigolfanlage. Laternenumzüge, Abende am Lagerfeuer oder spannende Nachtwanderungen sind Extras, die in den Ferien manch tollen Tag abrunden. Ein allseits geschätztes Ritual ist die erholsame 22-Uhr-Nachtruhe in der gesamten Anlage. Dagmar und Thomas Lux sind mit ihrem Team leidenschaftliche Gastgeber. Der passende Name ist: LuxOase.

TIPP

In Pulsnitz Pfefferkuchen backen, verzieren, verkosten oder einfach die Schauwerkstatt besuchen.

● Camping- & Freizeitpark LuxOase, Arnsdorfer Straße 1, 01900 Großröhrsdorf OT Kleinröhrsdorf, Tel. (03 59 52) 5 66 66, www.luxoase.de
● ÖPNV: Bus 520, Haltestelle Kleinröhrsdorf Am Spielmannszug

Ausflug nach Balkonien

25 Hohnsteiner Brandaussicht über dem Polenztal

Der Wanderbus der Felsenlinie schraubt sich kraftvoll aus dem Polenztal über Serpentinen nach Hohnstein, schlängelt sich elegant durch die engen Straßen des Städtchens, hält an der großen Eiche. Ab jetzt zählt eigene Aktivität. Noch ein Blick zurück zur Burg und zur barocken Stadtkirche, eines der Gesellenstücke des Erbauers der Dresdner Frauenkirche, George Bähr. Die letzten Häuser am Ortsrand sind schnell passiert. Es beginnt eine halbstündige Wanderung auf der Brandstraße, einem ausgebauten Forstweg ohne Anstieg. Im dichten, Schatten spendenden Mischwald durchatmen, Blicke nach links und rechts. Die Natur wird im Nationalpark sich selbst überlassen. Am Holz nagen Käfer, Pilze breiten sich aus, die morsche Substanz zerfällt, mit einem Samenkorn beginnt ein neuer Lebenskreis.

TIPP

Der andere Blick auf das Brandareal von Waltersdorf aus: Bunte Minipunkte in der Landschaft.

Eine leichte Biegung, einige Häuser säumen den Weg. Urplötzlich öffnet sich wie in einem Theater der Vorhang. Dahinter kein Bühnenbild, sondern die volle Szenerie der Tafelberge. Das Auge kann sich kaum sattsehen. Das ist der berühmte Brand, eine mächtige Felsfläche, 177 Meter über dem Polenztal, bekannt als Balkon der Sächsischen Schweiz. Der grandiose Fernblick kann köstlich verlängert werden. Die rustikale Brand-Baude mit Gründach und Außenterrasse lädt zu Speis und Trank ein.

Die herzlichen Brandwirtschaftler lieben es familiär, wie der Hohnsteiner Kasper. Er sitzt keck im Gastraum und zaubert allen ein Lächeln ins Gesicht.

In der Infostelle kann ein 12 Quadratmeter großes Landschaftsrelief aus dünnen Pappmachéschichten, die hohl auf der Holzkonstruktion liegen, bestaunt werden. 60 Jahre alt, heute käme es aus dem 3-D-Drucker. In der Herberge warten Unterkünfte vom einfachen Schlafsackquartier bis zum komfortablen Apartment auf Neugierige, die nachts diese Bergoase erkunden wollen. Vorbuchung ist empfehlenswert. Wer Abschied nimmt, kann zurückgehen, wie gekommen. Wer es sportlich-aktiv mag: Abstieg über 850 Stufen ins Polenztal, das für seine wilden Märzenbecherwiesen bekannt ist.

- Brandaussicht und Brand-Baude, Nationalpark-Infostelle, Brandstraße 27, 01848 Hohnstein, Tel. (03 59 75) 8 44 25, www.brand-baude.de
- ÖPNV: Bus 236, 237, 254, 264, Haltestelle Eiche

Malerweg
Brand
19. Aussicht vom Brand bei Hohnstein
In 1823, the artist Adrian Ludwig Richter published a book with 30 drawings and etchings of views of Saxon Switzerland (published by J.C. Arnold). His works depict the landmarks of the region in precise detail, each picture complete with a detailed caption. The book served as a guide to travellers on their walking tours through Saxon Switzerland. The view from the "Brand" plateau is one of the most important stops along the Painters' Way, which stretches to more than 100 km. It offers one of the most stunning panoramic views over the region and was already a popular motif for painters 200 years ago. A guest house with a restaurant that dates back to 1830 still caters for hungry walkers to this day.

Formbares Steinglück

26

Sächsische Sandsteinwerke Pirna-Rottwerndorf

Wer ans Meer will, kommt 100 Millionen Jahre zu spät. Wer auf kleinstem Raum ein stark zerklüftetes Felsengebirge mit ständigem Wechsel von Ebenen, Tafelbergen und Schluchten sucht, ist genau richtig. In der Kreidezeit verwandelten gewaltige Naturkräfte lose Sedimente in massiven Sandstein. Wasser, Wind, Temperaturunterschiede und Erosion verliehen ihm sein einzigartiges Erscheinungsbild. Artenreiche Flora und Fauna runden die Landschaft ab. Die Sächsische Schweiz ist beliebte Ausflugs- und Urlaubsregion für Naturfreunde, Aktivsportler, Romantiker. Doch der Stein kann viel mehr, ist seit Jahrhunderten prägendes Baumaterial für Kirchen, Burgen, Schlösser, Parkanlagen. Er ist mobil, zog elbabwärts, sogar bis Kopenhagen.

400 Steinbrüche wurden einst mit schwerer körperlicher Arbeit betrieben. Heute gewinnen die Sächsischen Sandsteinwerke die Rohblöcke in sechs Brüchen. Im Firmensitz übernehmen robuste Sägegatter und moderne CNC-gesteuerte Fräsroboter die Bearbeitung. Glanzpunkte setzt das traditionelle Steinmetz- und Bildhauerhandwerk gepaart mit künstlerischem Feingefühl. Zukunftsorientiert werden Azubis eingebunden. Sandsteinverwandt ist die Dresdner Frauenkirche mit den Schlössern in Braunschweig und Potsdam, wo das begehrte Material jüngst sehenswert verbaut wurde. Ein besonderer Hingucker ist das imposante Eosanderportal am Berliner Schloss.

TIPP

Für geplante Projekte die kompetente Beratung der Fachleute per Telefon oder vor Ort nutzen.

Zwei Nummern kleiner geht es natürlich auch. Im Privaten gibt es immer was zu bauen, zu verschönern. Das warme Sandstein-Urlaubsglück in gelblich-braunen Farbnuancen passt hervorragend zu bereits Vorhandenem, kann lebenslang in Würde altern. Im Garten lassen sich gemütliche Bereiche schaffen mit Sitznischen, Grillecken, Pflanzkübeln oder Brunnen. Kaum zu glauben: Harter Elbsandstein ist erstaunlich formbar. Die Träger des Kulturpreises der Stadt Pirna können sich auch glücklich schätzen, denn sie werden für ihr Wirken mit einer speziell für sie gefertigten Sandsteintafel geehrt, die der regionale Spezialist gern stiftet.

- Sächsische Sandsteinwerke, Alt-Rottwerndorf 4, 01796 Pirna, Tel. (0 35 01) 56 10 10, www.sandsteine.de
- ÖPNV: Bus N, 209, 216, 218, Haltestelle Sportplatz Pirna-Süd

Tri tra trullala

27

Der Hohnsteiner Kasper im Max Jacob Theater

Die Zwillinge Jacob und Max sind mit ihren Eltern im Sommerurlaub in Hohnstein, wohnen in einer gemütlichen Ferienwohnung mit Blick zur mittelalterlichen Burg. Heute erkunden sie die engen Gassen des Fachwerkstädtchens. Sie staunen über eine bunte Holzfigur direkt neben dem Rathaus. Sie ist größer als sie selbst. Das perfekte Motiv für ein Ankunftsfoto, das sofort an Oma und Opa geschickt wird. In der Tourist-Info erfahren sie, dass sie gerade Gretel begegnet sind und dass noch mehr handgeschnitzte Figuren auf dem Kasperpfad stehen. Zunächst besuchen sie das kleine Puppenspielmuseum in der ersten Etage. Sie sind begeistert. Wie sah der Kasper früher aus? Warum sind gerade ihre Vornamen hier so bekannt? Max Jacob war der Erfinder des Originals, lebte und spielte viele Jahre in Hohnstein. Auf ihrem weiteren Weg sitzt ein Holzkasper auf der Bank. Er wird von beiden liebevoll umarmt, wieder geht ein Foto auf Reisen. Gleich nebenan steht die Tür zur Schauwerkstatt offen. Eine Puppenschnitzerin zaubert gerade ein Lächeln in einen Holzkopf.

Aber wo ist das Max Jacob Theater, wo Kasper & Co. lebendig werden? Der lang gestreckte Bau steht auf einer Anhöhe, grüßt mit Türmchen und Wetterfahne. Jacob und Max entdecken einen Zauberer in seinem schmucken Kostüm. Aber dann müssen sie feststellen, dass die roten Türen geschlossen sind. Schade. Doch sie lesen, dass übermorgen eine tolle Veranstaltung auf dem Plan steht: Der Hohnsteiner Kasper führt von der Burg über die Traditionsausstellung bis zum Theater. Sie sichern sich sofort vier Karten. Am Veranstaltungstag sind sie fasziniert: Sie werden vom Kasper und seinen Freunden mit auf Reisen genommen. Mal ist es mucksmäuschenstill, mal sprechen alle – auch die Zuschauer – durcheinander, mal wird laut gelacht und heftig geklatscht. Ein wunderbarer Nachmittag für alle Generationen. Nach dem Urlaub werden sie Oma und Opa überraschen, selbst ein Stück aufführen. Irgendwo muss doch das Kasperletheater sein, das man in den Türrahmen einhängen kann.

TIPP

Süße Theaterschleckerei: Ein Kasper zum Reinbeißen – der große Doppeldecker mit Schokofüllung!

- Max Jacob Theater, Max-Jacob-Straße 1, 01848 Hohnstein www.max-jacob-theater.de
- Traditionsstätte mit Ausstellung, Rathausstraße 9, Tel. (03 59 75) 8 68 13 www.hohnstein.de
- ÖPNV: Bus 237, Haltestelle Eiche

Einladende Kulturkulisse

28

Naturbühne im einstigen Marmorbruch von Maxen

Was verbindet das Historische Grüne Gewölbe in Dresden mit der Naturbühne in Maxen? Sächsischer Marmor. Beim Bau der Schlossschatzkammer im 18. Jahrhundert wurden dekorative, einheimische Natursteine verwendet, auch besonderer Farbkalkstein aus Maxen. Beim Wiederaufbau des Residenzschlosses ab 1986 konnten Reste der Originale in Fußböden und Türgewände integriert werden. Im ehemals königlich-polnischen und kurfürstlich-sächsischen Marmorbruch wird heute nicht mehr schwer geschuftet, sondern unterhaltend geschauspielert, hingebungsvoll gelauscht, herzhaft gelacht oder verschmitzt geschmunzelt.

In den 1950er-Jahren wurde der Steinbruch in ein Freilufttheater verwandelt. Schon zehn Jahre später fiel es für ein halbes Jahrhundert in einen Dornröschenschlaf. Das erneute Wachküssen übernahm 2002 kein Prinz, sondern die tatkräftige Dorfjugend. Im alten Marmorbruch wurden Treppen gebaut, Wege befestigt, Sitzbänke aufgestellt. Die Naturbühne Maxen war geboren, ein urgemütliches Sommer-Musen-Rondell für 500 Besucher.

Von Juni bis September spielt die ortsansässige, ehrenamtliche Theatergruppe selbst oder lädt sich prominente Künstler ein. Nach Arbeit oder Schule schlüpfen Laiendarsteller in ihre Rollen, wird die Bühne zum Hobby. Jährlich entsteht ein neues, lockerflockiges Stück. Es wird intensiv geprobt, alle sind mit Hingabe und Spaß dabei, auf und hinter der Bühne. Bei freier Platzwahl sichert zeitiges Kommen gute Sicht. Wer es gepolstert und kuschelig mag: Kissen oder Decken nicht vergessen. Taschenlampen für abends sind eine gute Idee. Für Speisen und Getränke wird umfassend gesorgt, der laue Sommerabend kann lecker ausklingen. Vor Veranstaltungsbeginn sollte Zeit für die luftige Aussicht vom restaurierten Kalkofen nebenan eingeplant werden. Schautafeln und Marmorproben informieren über die einstige Nutzung des Technikdenkmals. Im Rumfordofen brannte man mit einer brennmaterialsparenden Konstruktion Kalk, der besonders rein war und gutes Geld nach Maxen brachte.

TIPP

Besuch der befreundeten Naturbühne Reichenau in Haselbachtal, nahe der Lessingstadt Kamenz.

● Naturbühne Maxen, Straße von Wittgensdorf nach Maxen, 01809 Müglitztal OT Maxen, Tel. (03 52 06) 2 62 38, www.naturbuehne-maxen.de

● ÖPNV: Bus 202, 386, Haltestelle An der Naturbühne (10 Minuten Fußweg)

Lieblingsort zum Verweilen

29

Hohburkersdorfer Rund- und Weitblick

Über Nacht ist Schnee gefallen. Keine Zeit verlieren, sich auf den Weg machen, erste Spuren hinterlassen. Ein Sommermorgen kann ebenfalls der richtige Start sein. Zwischen Tauwiesen geht's der Sonne entgegen. Im Herbst locken Linden mit gelben Blättern, die bald davonwehen. Ziel ist immer die 392-Meter-Anhöhe, die von Hohburkersdorf oder Rathewalde auf kurzen Wegen erreichbar ist. Kein mühsamer Aufstieg, keine Absturzgefahr – und doch grandiose Aussichten, ein 360-Grad-Panorama vom Feinsten.

Perfekt für Geografieunterricht direkt vor Ort und nicht im Klassenzimmer. Ist da vorn nicht die Lokomotive zu sehen, der Kletterfelsen nahe der Bastei? Und das sieht aus wie die Burg in Hohnstein? Lilienstein und Festung Königstein sind leicht auszumachen, aber auch Kaiserkrone und Zirkelstein. Die bunten Hochhäuser führen nach Pirna-Sonnenstein, am Horizont grüßt der schmale Dresdner Fernsehturm. Augen und ausgestreckte Finger gehen immer wieder in andere Richtungen. Die Kreise werden größer gezogen bis in die Böhmische Schweiz, das Osterzgebirge und das Lausitzer Bergland. Zwei Tafeln helfen beim Erkennen der Landmarken. Hinter einer akkurat geschnittenen Hainbuchenhecke erinnert ein großer Gedenkstein an die Weltkriegsgefallenen, zeigt, wie wichtig Frieden ist.

TIPP

Am Gasthaus in Hohburkersdorf erkunden, warum hier immer wieder von einer Rennstrecke die Rede ist.

Einige Bänke laden zum Verweilen ein. Abschalten, Seele baumeln lassen, auf andere Ideen kommen. Alles fällt ab, man wird ruhiger, hat Zeit, Libellen oder Schwalben nachzuschauen. Ende Mai verwandelt sich gelber Löwenzahn in Pusteblumen, deren Schirme nach einem kräftigen Atemstoß davonfliegen. Erwachsene werden zu Kindern. Gut wäre es, Seifenblasen dabeizuhaben – diese Freude des greifbaren, farbenfrohen Glücks, das doch so schnell zerplatzt. Im Sommer gehören Badesachen ins Gepäck. Der Tag kann im Erlebnisbad Rathewalde sportlich ausklingen. Sind die Felder abgeerntet, darf auf diesem herrlichen Gelände ein Drachen nicht fehlen, der für einige Zeit von noch weiter oben unsere vielfältig schöne Heimat betrachtet.

- Hohburkersdorfer Rundblick, 01848 Hohnstein, www.hohnstein.de
- ÖPNV: Bus 237, 254, Haltestelle Hohburkersdorf Rennstrecke oder Rathewalde Rundblick (jeweils 20 Minuten Fußweg)

Felix und Felicitas

30 Zwei von 239 Klettergipfeln im Bielatalgebiet

In kleinen Gruppen sind Familien oder Sportfreunde entspannt schwatzend und doch recht zielstrebig unterwegs. Die mitgeführten Utensilien verraten, dass es heute hoch hinaus geht. Das Bielatalgebiet ist beliebt bei den Einheimischen. 239 Gipfel mit rund 3000 Aufstiegen verschiedener Schwierigkeitsgrade stehen zur Wahl. Die Herkulessäulen mit ihren überhängenden Gipfelköpfen sind bei den Profis angesagt. Laien zollen schon beim Zuschauen größten Respekt. Kletterverrückte Familien wählen augenzwinkernd den Großvaterstuhl als Ziel und vererben so die Bergbegeisterung weiter. Die sächsischen Regeln des Freikletterns werden strikt eingehalten: Fortbewegung nur mit eigener Körperkraft an natürlichen Haltepunkten. Seile, Schlingen, Karabiner und Ringe dienen ausschließlich zur Sicherung. Seit Mitte des 19. Jahrhunderts wird der Sport ohne künstliche Hilfsmittel betrieben. Klettern ist kalkulierbares Risiko für erfahrene, gut trainierte Bergsteiger; baut Brücken zwischen den Generationen; ist pure Lebensfreude; ist auch Kampf gegen Ängste. Im Fels kann man Mut beweisen, ohne übermütig zu werden; an Grenzen stoßen; Freiheit spüren; dem Himmel nah sein. Der Eintrag ins Gipfelbuch und Fotos strahlender Eroberer krönen den Aufstieg.

TIPP
Traditionsgasthof & Herberge Ottomühle: Leckere, frische Küche und Zimmer für jeden Geldbeutel.

Vier Gipfel im Kletterparadies nahe der Ottomühle passen besonders gut zum Thema. Ihre Höhen sind überschaubar. Wer sie schafft, ist doppelt glücklich. Felix und Felicitas, der und die Glückliche, warten als Nummer 59 und 60 auf Gipfelbesuch. Kurz vor der tschechischen Grenze sind noch Großer und Kleiner Glücksturm als 81 und 82 verzeichnet. Manche Wegbezeichnungen zaubern ein Lächeln, wie Arschkriecher oder Schmunzelschnecke.

Wer es weniger senkrecht mag, muss nicht auf bizarre Felsen, wildromantische Schluchten und luftige Aussichtspunkte verzichten. Gut ausgeschilderte Wanderwege, Bergpfade und Klettersteige verbinden all das miteinander. Sollte doch mal was schiefgehen, ist die ehrenamtliche Bergwacht schnell zur Stelle. Sie hat hier eine Station.

- Klettergipfel, 01824 Rosenthal-Bielatal, www.rosenthal-bielatal.de
- ÖPNV: Bus 242, 245, Haltestelle Rosenthal Schweizermühle

Rustikal trifft filigran

31 Das Kunsthandwerkerhaus in Langenwolmsdorf

Die farbenfrohe RATAGS-Erlebniswelt nahe der Burgstadt Stolpen hat etwas Magisches. Besucher werden hineingezogen, sind sofort begeistert, verlieben sich im Frühlingshaus in Osterhasen und Blumenkinder, schreiben im Weihnachtshaus erzgebirgische Spieluhren und Nussknacker auf den Wunschzettel, gehen dem verführerischen Duft nach, entdecken den Räucherofen. Die Kleinen zieht es in den Märchenwald zum Wettlauf Hase mit Igel auf dem Rübenfeld oder zu lebenden Langohren und Wollmäusen im Tiergehege. Sandmann, Pittiplatsch, Schnatterinchen, Herr Fuchs und Frau Elster lassen Großeltern- und Kinderherzen höherschlagen.

Aus zwei in die Jahre gekommenen Dreiseitbauernhöfen in Langenwolmsdorf wurde ein rustikales Minidorf mit Schauwerkstatt, Innen- und Außengastronomie, Pension, Spielplatz und mehr für jedes Alter und zu jeder Jahreszeit.

Die Glücksgeschichte zum Holzkunstparadies begann 1987. Gitta Heider gründete eine Werkstatt. Ihre besondere Liebe gilt Schwibbögen. Sie erstrahlen im Winter in Fenstern, erinnern an alte Bräuche. Nach der letzten Unter-Tage-Schicht vor Weihnachten brachten Bergleute ihre leuchtenden Grubenlampen hufeisenförmig über dem Stolleneingang an.

TIPP

Alles leuchtet wieder! Defekte RATAGS-Produkte zur Reparatur mitbringen oder gut verpackt schicken.

Warum nicht Tradition mit Innovation verbinden? Die kreative Mannschaft entwickelte dreidimensionale Varianten des wunderschönen Lichterbogens mit fantastischer räumlicher Wirkung. Typisch sind parallel montierte Bogenringe aus Birkensperrholz. Die blendfreie indirekte Beleuchtung verbreitet eine stimmungsvolle Atmosphäre.

In der Schauwerkstatt können Gäste beim Entstehen dieser besonderen Handarbeit hautnah dabei sein. Mit Geduld und Detailverliebtheit wird gefertigt, bemalt und montiert. Der Motivvielfalt sind kaum Grenzen gesetzt. Wer selbst kreativ werden möchte, findet im Bastelladen eine riesige Auswahl an Materialien. Die Holz- und Kunstliebe der Gründerin wurde an die Enkeltochter Juliane Buschmann vererbt, die 2020 feierlich den Staffelstab übernahm.

- RATAGS Kunsthandwerkerhaus, Hauptstraße 120, 01833 Stolpen OT Langenwolmsdorf, Tel. (03 59 73) 6 24 90, www.ratags.de
- ÖPNV: Bus 265, Haltestelle Alte Ziegelei

Fantastisches Panorama

32 Landmarke und Ausflugsziel Babisnauer Pappel

Diese 360 Grad sind unbezahlbar, zum Glück doch kostenfrei. Seit Generationen ist die Babaisnauer Pappel mit ihrem großartigen Rundblick beliebtes Ausflugsziel mit Selbstversorgung. Frühaufsteher sehen die Sonne im Osten über der Lausitz. Später grüßen in der Ferne die Tafelberge der Sächsischen Schweiz. Im Süden umrahmt ein Höhenzug mit Quohrener Kipse, Hermsdorfer Berg und Wilisch das Kreischaer Becken – bevor es hoch hinauf ins Osterzgebirge geht. Die untergehende Sonne setzt die Radebeuler Weinterrassen ins richtige Licht. Den Reigen komplettiert das grüne Dresden, eingebettet ins weite Elbtal. Bei Nebel fühlt sich der Besucher einfach schwebend. Wer hatte diese gute Idee?

Der Bauer Johann Gottlob Beck kaufte 1808 in Babisnau ein Gut mit Land auf dem Zughübel. Die Grenze seines unbewaldeten Besitzes markierte er mit einem Baum. Er pflanzte die kleine Schwarzpappel auf die höchste Stelle, rund 220 Meter über und 9 Kilometer südlich der Elbe. Normalerweise wächst sie nur in Flussnähe. Aber das wusste dieses Bäumchen nicht, entwickelte sich prächtig an exponierter Stelle. Mit 5 Metern Stammumfang und 17 Metern Höhe ist der knorrige Veteran weiterhin voller Leben, wenn auch mit Blessuren. Blitzschläge und Stürme beschädigten die Krone, hinterließen ein etwas zerzaustes Aussehen. Sie steht nicht allein auf weiter Flur. Seit 1890 wächst daneben eine stattliche Bismarckeiche. Beide Kronen verschmelzen miteinander, bilden aus der Ferne ihre weithin sichtbare markante Silhouette. Die Zukunft ist auch gesichert, denn 2006 wurde aus einem Altpappelsteckling eine Nachfolgerin gepflanzt.

Zur Sommersonnenwende und zu Silvester ist es kurzzeitig mit der Panoramaruhe vorbei. Läufer, Wanderer und Radler starten von selbstgewählten Punkten zu ihrem traditionellen Höhentreff. Die Schwarzpappel blüht unregelmäßig, der Legende nach, wenn das Ende eines Krieges naht. So kommt der Wunsch, sie möge bald nicht mehr blühen, denn in Friedenszeiten müssen auch keine Kriege beendet werden.

TIPP

Vom Naturpanorama zum Rundbild Yadegar Asisis im Panometer Dresden – nur 6 Kilometer Luftlinie.

- Babisnauer Pappel, Alter Postweg, 01731 Kreischa OT Babisnau, www.kreischa.de
- ÖPNV: Bus 351, Haltestelle Golberode, Zur Pappel (20 Minuten Fußweg)

Faszinierend und fordernd

33

Mit Kanu Aktiv Tours auf der Elbe

Statistiken behaupten, die meisten Socken gehen in Waschmaschinen verloren. Auf Platz zwei kommen garantiert die Anlegestellen von Kanu Aktiv Tours zwischen Schmilka und Pirna. Hier werden kentersichere Schlauchboote für Gruppen zu Wasser gelassen und nach der Tour wieder an Land gebracht, manchmal barfuß. Auf der Wasserreise gibt es nichts Schöneres als Hosen hochkrempeln und mindestens ein Bein vom sommerlichen Fluss massieren lassen. Da kann schnell ein Strumpf abhandenkommen. Aber was ist dieser Miniverlust gegen den Gewinn an Aktivität, Spaß, Gemeinsamkeit, Lachen, Wasser- und Naturnähe? Ob sportlich am Stechpaddel mit Muskelkraft oder zwischendurch entspannt von der Strömung getrieben – so eine Tour ist immer ein kurzweiliges Erlebnis. Endlich sitzen alle in einem Boot, beweisen ihre Teamfähigkeit. Zunächst Ohren auf beim Kanu-ABC und beim Sicherheitskurs, damit auf der Schifffahrtsstraße alles unfallfrei verläuft, denn andere Wasserfahrzeuge sind größer, schwerer, aus Metall oder haben ein den Fluss querendes Seil, wie die Rathener Fähre. Später staunend hinaufschauen ins majestätische Felsenreich, zur Festung Königstein oder zur Bastei. Am Ufer ziehen malerische Orte vorbei. An einem idyllischen Ankerplatz verwandelt sich beim Picknick ein Korb mit leckeren regionalen Produkten zum Tischlein-deck-dich in der Natur.

TIPP

Familientagestour: Per Boot von Schandau nach Wehlen mit Spaßpause im Elbe-Freizeitland Königstein.

René Hofmann lebt seinen Traum vom Aktivsein in der Sächsischen Schweiz. Mit einem Boot fing es an. Nach über 20 Jahren sind es 80 Wasserfahrzeuge: Kajaks, Kanadier, Schlauchkanadier, Schlauch- und Motorboote, Flöße – eine Vielfalt an Möglichkeiten, kombinierbar, zeitlich und inhaltlich genau zugeschnitten auf die jeweilige Gästegruppe. Neue Ideen kommen dazu, wie doppelter Elbsandsteingenuss: Eine Tour auf dem Wasser, zurück geht es als Pedalritter auf dem Radweg. Zum Abschluss oder im Winter noch in den Indoor-Hochseilgarten – aktiver geht's nicht. Das kompetente Team berät gern und gut. Passen muss es nur, wenn es um den Sockenverbleib geht.

- Kanu Aktiv Tours, Schandauer Straße 17–19, 01824 Königstein, Tel. (03 50 21) 59 99 60, www.kanu-aktiv-tours.de
- ÖPNV: S 1, Bahnhof Königstein (5 Minuten Fußweg)

Kanu-Aktiv-Tours.de

Abenteuerpfad mit Zahlen

34 Das Sandsteinlabyrinth Langenhennersdorf

Ein Labyrinth ist geheimnisvoll, rätselhaft, magisch anziehend. In ein spätsommerliches Maisfeld geschnitten, ist es geradlinig, durchschimmernd, dachlos und schnell vergänglich. Anders ist es mit Sandstein. Auf der Hochebene nordöstlich von Langenhennersdorf erhebt sich im Wald eine Steininsel mit labyrinthartiger Oberfläche. Durch Verwitterung über Jahrtausende entstand auf 2 Hektar Fläche ein kostenloses Natur-Kinder-Paradies. Felstürme mit Plateauabschluss bilden Schluchten, quer liegende Blöcke formen auf engstem Raum Durchgänge, Gassen, Höhlen. Moos- und flechtenbewachsene Wände sowie Bäume spenden angenehmes Grün. Diese stark zerklüftete steinerne Welt ist über ein System von Wegen, Sandsteintreppen oder steilen Metallleitern gut zugänglich. Ein spannendes Abenteuer für Familien mit Kindern ab 5 Jahren. Ein gutes Stündchen sollte man einplanen. Die zurückgelegten Meter sind schwer messbar im verwinkelten Felsgewirr. Wer der Nummerierung von 1 bis 28 folgt, kommt auf dieser freiwilligen Einbahnstraße mit zahlreichen Richtungsänderungen garantiert zum Ausgang. Auf eigene Faust gibt es weitere Wegvarianten.

TIPP
Wer nicht mit ins Labyrinth geht, bewacht die Rucksäcke und bereitet später ein leckeres Picknick.

Alle Entdecker sollten sportlich und trittsicher bei kleinen Klettereien sein. Manchmal wird es eng. Dann muss man sich galant zwischen dicht beieinanderstehenden Felsen durchzwängen oder links und rechts mit den Füßen auf Vorsprüngen Halt finden. Kinder sind aufgrund ihrer Größe meist schneller, können es kaum erwarten, bis es weitergeht. Geöffnet ist ganzjährig rund um die Uhr. An schönen Wochenenden und in Ferienzeiten wird es schnell voll, also besser zeitig am Vormittag oder spät am Nachmittag kommen. Trockenes Wetter ist eine gute Voraussetzung. Wegen der Enge bleiben Felskontakte nicht aus. Deshalb ist ältere Kleidung, die schmutzig oder beschädigt werden darf, zu empfehlen und Schuhe mit gutem Profil, denn es kann matschig sein. Zurück zum Parkplatz oder zur Bushaltestelle geht es wie hinwärts wieder 15 Minuten entspannt über den breiten Forstweg.

- Sandsteinlabyrinth Langenhennersdorf, Hohe Straße zwischen B 172 und Rosenthal-Bielatal, 01816 Langenhennersdorf
www.badgottleuba-berggiesshuebel.de
- ÖPNV: Bus 245, Haltestelle Abzweig Labyrinth

Dampf weht um die Nase

35 Das Feldbahnmuseum Herrenleite bei Lohmen

Sie heißt Krauss Nr. 7789, ist gerade 100 geworden, top drauf für ihr Alter und voller Vorfreude. Endlich ist es so weit. Zu Pfingsten darf sie dampfen, fahren, glücklich machen. Hinter den Kulissen haben 50 ehrenamtliche Vereinsmitglieder die Bahnerlebnistage in Herrenleite – ehemalige Steinbrüche und früheres Mineralölwerk – wie immer perfekt vorbereitet. Die Enthusiasten werkeln seit den 1970er-Jahren an ihren heißgeliebten Loks und Loren, verwandeln Schrottreifes in Schätze, die rollen, wie zur Entstehungszeit.

Feldbahnen gehen auf den Ersteinsatz in der Landwirtschaft zurück, später kamen Industrie, Bauwesen, Bergbau, Ziegeleien, Steinbrüche dazu. Es gab viele Technologien, Fahrzeugarten, Spurweiten. Diese Geschichte erlebbar zu machen an funktionierenden Exemplaren ist besonders reizvoll, aber auch Schwerstarbeit mit Improvisationstalent.

TIPP

Aussagekräftige Ausstellung zur Dresdner Trümmerbahn ab 1945 im Vortragsraum des Fahrzeugdepots.

Sobald die Kassen öffnen, strömen die Besucher aufs Gelände. Es tuckert kraftvoll, riecht nach Öl. Kinder bewegen sich von einem Exponat zum nächsten, fragen, dürfen Weichen stellen, bekommen strahlende Augen. Erwachsene werden wieder zu Kindern. Beim Blick auf mittlerweile 120 Loks, 400 Wagen und wertvolle Originalteile kommt man schnell ins Gespräch mit Fachleuten oder Hobbyexperten, die gerade fotografieren. Beliebt sind die 300-Meter-Fahrten zum oberen Bruch, der sich hinter üppiger Vegetation versteckt. Die Spurweite von 600 Millimetern ist überschaubar. Die Geschwindigkeit von 8 Kilometer pro Stunde ist es auch. Alles ist entspannt. Sogar Walderdbeeren wachsen zwischen den Schienen. Zentrale Anlaufstelle bei 25 Gebäuden ist die Museumshalle mit repräsentativen Fahrzeugen sowie Informationstafeln. Jüngstes Kind ist die Lorenschmiede, ausgestattet mit Originalen, umgesiedelt aus dem benachbarten Dorf Wehlen. Schmied Felix repariert mit Leidenschaft Teile, die eigentlich nicht mehr reparabel sind, macht seinem Namen alle Ehre und den Verein damit glücklich. Der Feldbahn-Fahrplan von Mai bis Oktober ist auf der Homepage.

● Feldbahnmuseum Herrenleite, Herrenleithe 10, 01847 Lohmen, Tel. (03 51) 8 80 40 63, www.feldbahnmuseum-herrenleite.de
● ÖPNV: RB 71, Bahnhof Lohmen (15 Minuten Fußweg)

PIONIEREXPRESS

Panorama ohne Ende

36 Unterwegs zwischen Altendorf und Lichtenhain

Unsere Natur ist ständig in Veränderung: Aufgehende Saat, reifes Getreide, Riesenstrohballen – saftiges Gras, duftendes Heu – frische Triebe, buntes Laub – ruhende Landschaft, leicht schneegepudert. Die Jahreszeiten präsentieren sich bilderbuchartig auf der nördlichen Hochebene am Rand des Kirnitzschtals. Abseits der Hohen Straße bei Altendorf, Mittelndorf und Lichtenhain führen Wege zwischen Feldern und Wiesen sowie an Waldstücken vorbei. Das entspannte Wandern auf den geschwungenen Pfaden mit dem gelben Punkt macht Spaß. Die Blicke sind frei, gehen weit, die Wolken sind zum Greifen nah. Wenn man ihnen folgt, eröffnen sich in gebührender Entfernung auf der anderen Talseite beeindruckende Aussichten auf die Affen- und Schrammsteine. Ein Fernglas sollte unbedingt dabei sein. Die Route trägt den Namen Panoramaweg, total passend. Rastplätze mit tollen Ausblicken oder gemütliche Gasthöfe laden zum Zwischenstopp ein.

TIPP
Lichtenhainer Blumenfest am ersten Septemberwochenende mit rund 15.000 Dalienblüten.

Wer am Sonnabendnachmittag unterwegs ist, muss in Mittelndorf unbedingt Robert Sputh in den Gewölbekellern des ehemaligen Gasthofes auf der Schandauer Straße 9 besuchen. Er empfängt nicht persönlich, aber die Ausstellung über ihn als Erfinder des Bierdeckels ist ein sehenswertes Stück Heimatgeschichte. Im Mittelpunkt steht die Produktion der ersten saugfähigen Exemplare aus Papierbrei mit Patent 68499 ab 1891 ganz in der Nähe, der Beginn einer besonderen Hopfen-und-Malz-Freundschaft.

Wer Panorama mit Talromantik verbinden und andere Muskeln nutzen will, kann an verschiedenen Stellen hinabsteigen. Nun geht es auf dem gut ausgeschilderten Flößersteig weiter. Ehemalige Mühlen locken zu gastronomischen Pausen. Die Touristenattraktion Lichtenhainer Wasserfall ist der angestaute Dorfbach. Von hier führt ein steiler Aufstieg zur Quelle in Lichtenhain. An der kleinen Dorfkirche schließt sich der Panoramakreis. Gute, wegbegleitende Anbindung an den ÖPNV ermöglicht nach Lust und Wetter verschiedene Schwierigkeitsgrade und Tourenlängen zwischen Bad Schandau und Sebnitz.

- Panoramaweg, 01855 Sebnitz, https://tourismus.sebnitz.de
- Sputh-Ausstellung, Tel. (01 52) 54 10 39 03
- ÖPNV: Bus 260, verschiedene Haltestellen, z. B. Altendorf Erbgericht, Mittelndorf Gasthaus oder Lichtenhain Ulbersdorfer Weg

Mittelndorf
Parkplatz
„Am Schaarweg"
Itze habter geguckt
getrunkn u. gegassn
nu tut og dan Platz
wieder sauber
verlossn

Schwebend über dem Elbtal

37

Basteiaussicht und Basteibrücke

Eigentlich war das Gefühl schon immer da: Auf der Basteiaussicht schwebt man über dem Elbtal, in 194 Metern. Seit 2023 ist es auch amtlich bestätigt. Die neue Aussichtsplattform ist im hinteren Bereich auf dem Sandsteinplateau befestigt, schwebt vorn frei über schmalem Fels und schützt so den Untergrund. Das sichert weiterhin fantastische Ausblicke, so weit das Auge reicht.

Die Bastei ist eine Diva, weiß um ihre Schönheit. Sie ist auch eine Allrounderin, besucherfreundlich für unterschiedliche Interessen und Voraussetzungen. Busgruppen staunen, wenn sich nach gemütlichem, barrierefreiem Fußweg plötzlich der Grand Canyon vor ihnen öffnet. Die Fläche des Nationalparks Sächsisch-Böhmische Schweiz umfasst nur 3,5 Prozent des US-Pendants. Der Wow-Effekt ist definitiv vergleichbar. Familien nehmen gern den bequemen 45-Minuten-Aufstieg von Rathen. Gut Durchtrainierte lieben die 700 Stufen durch die Schwedenlöcher. Bergsteiger, zum Anfassen nah oder fern wie emsige, kleine Ameisen, präsentieren ihre Künste und genießen die Bewunderung.

Die einen begeistert ein Rundgang über die Felsenburg Neurathen, wo die ehemalige Verteidigungsanlage erlebbar ist. Andere gehen auf den Ferdinandstein, um ein paar Eindrücke und Töne der bekannten Felsenbühne zu erhaschen. Er ermöglicht auch einen tollen Rundumblick zu den Kletterlieblingen Lokomotive oder Mönch – und natürlich zur 76 Meter langen Basteibrücke, dem fotogenen Verbindungsstück. Mit ihren sieben Bogen über der 40 Meter tiefen Schlucht Mardertelle ist sie das erste Verkehrsbauwerk Europas, das nur für touristische Zwecke geschaffen wurde – vor rund 170 Jahren. Das hätte dem Lohmener Prediger Carl Heinrich Nicolai gefallen, der in seinem 1801 verfassten „Wegweiser durch die Sächsische Schweiz" über die Bastei schrieb: „Lange steht man, ohne mit sich fertig zu werden. Schwer reißt man sich von dieser Stelle fort." Und wenn doch, dann für gute Stärkung. Auch hier gibt es Auswahl zwischen schnellem Imbiss und leckerem Panoramarestaurant.

TIPP

Ausschau halten nach den grauen Kästchen mit den Gipfelbüchern: Wer findet die meisten?

- Felsformation Bastei mit Aussichtsplattform und Brücke, 01847 Lohmen www.lohmen-sachsen.de
- Panoramarestaurant, Basteistraße, Tel. (03 50 24) 77 90, www.berghotel-bastei.de
- ÖPNV: Bus 237, Haltestelle Lohmen, Bastei

Sachsens schönste Sonne

38 Ausflugs- und Kulturort Maxen

Weiße Silhouetten und Namen auf braunen Schildern locken an Sachsens Autobahnen zu rund 180 Sehenswürdigkeiten. Maxen ist nicht dabei. Doch Gutes spricht sich rum, schon im 19. Jahrhundert, als man mit Kutschen oder zu Fuß reiste. Im Dorf mit Traumweitblick hoch über Müglitz und Lockwitz trafen sich Maler, Literaten und Musiker zur Sommerfrische und zu künstlerischem Austausch. Das kunstsinnige Gutsbesitzerpaar Serre lud zu anregenden Gesprächen und entspanntem Schaffen ein. Heute ist Maxen wieder ein besonderer Kulturort. Im Schloss, wo einst der Dichter Hans Christian Andersen aus seinen Märchen las, wo Clara und Robert Schumann Konzerte gaben, werden auf der Liebhaberbühne ausgewählte Stücke aufgeführt. Im gepflegten Garten wird aufgespielt oder gefachsimpelt. Der Dorfkern verfügt über das, was man sich wünscht: Einen regional beliebten Gasthof, einen Bäcker, der beste Qualität liefert, eine Kirche, die zu ursprünglichem Glanz und Klang zurückgefunden hat. Beim Spaziergang überrascht ein orientalisch verzierter Gartenpavillon. Es ist das Blaue Häusel, entworfen und genutzt vom javanischen Maler Raden Saleh, einem Wanderer zwischen Orient und Okzident im 19. Jahrhundert.

TIPP

Schmorsdorfer Farb-Fern-Seher: eine bunte Glasfensterkonstruktion mit Blick in die Landschaft.

Im Nachbarort Schmorsdorf liegt das kleinste frei stehende Museum Deutschlands. Der Wind, der um das stets geöffnete Lindenmuseum weht, klingt wie das gefühlvolle Spiel der Pianistin Clara Schumann auf ihren geliebten Tasten. Die wechselvolle Dorfvergangenheit mischt sich im Heimatmuseum interessanterweise mit europäischer Geschichte. In vier Räumen geht es um Mäzenatentum, Kalk- und Marmorabbau sowie Strategie und Taktik in der Schlacht bei Maxen im Siebenjährigen Krieg. Der aktive Heimatverein öffnet von März bis Dezember sonntagnachmittags. Vor 180 Jahren schrieb der weitgereiste Däne Andersen: „Des Herzens Sonnenschein in Sachsen, er strahlt am schönsten doch in Maxen.“ Dem ist nichts hinzuzufügen. Einige Bekannte und viele Unbekannte waren und sind hier glücklich – wegen der Herzenssonne.

● Maxen, u. a. mit Heimatmuseum, Maxener Straße 71, 01809 Müglitztal OT Maxen, Tel. (01 79) 2 42 15 18, https://webseite.heimatverein-maxen.de
● ÖPNV: Bus 202, 386, Haltestelle Dorfplatz Maxen

Mobile Reisefreiheit

39 CAPRON-Caravan-Produktion Neustadt in Sachsen

Menschen zieht es gern an ihren Geburtsort zurück. Für Reisemobile ist das auch eine gute Idee, besonders, wenn der Herstellungsort in einer touristisch so beliebten Region wie der Sächsischen Schweiz liegt. Aber nicht alle, die in Neustadt das Licht der Welt erblickten, sollten sofort losfahren. Der Andrang wäre riesengroß. Immerhin verließen seit Produktionsstart im November 2006 mehr als 100.000 Freizeitfahrzeuge der Marken Carado und Sunlight die beiden 250 bzw. 450 Meter langen Fertigungslinien.

Die ausgewiesenen Fachleute fertigen nur nach Auftrag. Der Kunde ist König bei Größe, Ausstattung und liebenswerten Details. Je nach Wunsch variieren die Lieferzeiten. Pro Fahrzeug werden bis zu 300 Holzteile verbaut, die in der eigenen Tischlerei entstehen. 750 weitere Komponenten stehen zur Auswahl. Die Ummantelung durch Seitenwände und Dach ist ebenfalls Eigenproduktion. Außenhaut, Isolierung und Innenverkleidung sind miteinander verklebt, verpresst und passend ausgefräst. Die rollenden Miniwohnungen bieten bezahlbaren Komfort auf kleinem Raum, sind wie ein eigenes wohlgeordnetes Nest. Nichts darf fehlen, aber zu viel sollte auch nicht dabei sein.

TIPP

Nächstgelegene Wohnmobilstellplätze: bei CAPRON, an der Mariba Freizeitwelt und am Waldbad Polenz.

Der Weg vom Basisfahrzeug zum komfortablen, praxisbewährten Apartment auf Rädern ist an ausgewählten Mittwochvormittagen bei gebuchten Werksführungen anschaulich zu verfolgen. Aus einem ehemaligem Landmaschinenwerk entwickelte sich ein verlässlicher Produzent von Reisemobilen, ein geschätzter Arbeitgeber. Glück für die Region und Glück für die Wohnmobilisten, die in ganz Europa und drüber hinaus unterwegs sind. Der frühere Bezug zur Landwirtschaft hat sich fortgepflanzt. Die Freizeitfahrzeuge lieben die Natur. Auf den Höhen des Elbsandsteingebirges oder unten in den Tälern laden lauschige Plätze zum Verweilen ein. Einparken, Markise ausfahren, Campingmöbel aufstellen – fertig. Schnell kommt man ins Gespräch: Dauercamper und Durchreisende, Austausch von großen und kleinen Geschichten, die besonderen Momente im Caravanleben.

- CAPRON, Berghausstraße 1, 01844 Neustadt in Sachsen, Tel. (0 35 96) 5 30
www.capron.eu
- ÖPNV: RB 71, Bahnhof Neustadt in Sachsen (10 Minuten Fußweg)

BRUTE
Folien

Bauernhofurlaub mit Musik

40

Richard-Wagner-Stätten in Pirna-Graupa

Im Frühsommer 1846 nahm der Kapellmeister am Königlichen Hoftheater in Dresden, der heutigen Semperoper, eine Auszeit von der Stadt und den Dienststrapazen. Auf dem Schäferschen Gut in Graupa mietete sich der 33-jährige Richard Wagner ein, dabei seine erste Frau Minna und Hund Peps. Er schrieb an einen Freund: „Ich wohne in einem gänzlich unentweihten Dorf; ich bin der erste Städter, der sich hier eingemietet hat. Nun erhoffe ich alle Erlabung meines Gemüts und meiner Gesundheit von meinem Bauernleben …"
Beim Wandern im idyllischen Liebethaler Grund sollte der Kopf frei werden, doch die Musik ließ ihn nicht los. Im Schaffensrausch entstand der musikalische Entwurf für seine Oper „Lohengrin". Wo er einst ideenreich wandelte, steht heute in Bronze sein weltgrößtes Denkmal, enthüllt zum 120. Geburtstag.
Das einstige Bauerngut, nun Lohengrinhaus genannt, ist seit 1907 Wagner-Museum, die einzig erhaltene Wohnstätte in Ostdeutschland. Die Räume sind liebevoll ausgestattet. An Hörstationen wird der Arbeitsurlaub lebendig. Neugierig kann in seinem Briefwechsel gestöbert werden.
Das 300 Meter entfernte Jagdschloss mit sehenswertem Park ist ein weiterer Wagner-Liebhaber-Treff und exzellenter Veranstaltungsort. Der Gast wird klangvoll mit Musik empfangen. Sechs Räume erzählen vom sächsischen Wagner. Greifbar sind Kindheit, Schulzeit, Ausbildung in Leipzig und Dresden. Instrumente, die zu seiner Zeit erklangen, sind ausgestellt. Der Chef der Hofkapelle wird ebenso beleuchtet wie der 1849er-Revolutionär. Der Meister legte in Sachsen den Grundstein für sein Gesamtwerk. Dirigentenerfahrung floss in die Konzeption des Bayreuther Festspielhauses ein. Er wäre begeistert, wie heute die Entstehung seiner Opern von Dichtung über Komposition bis zur Inszenierung audiovisuell und multimedial erlebbar ist. Der Besucher steht selbst im Orchestergraben, mit Blick auf die Theaterbühne oder den Zuschauerraum. Und: Der Dichter-Musiker-Maler-Weg führt durch seine geliebte Kultur-Natur-Landschaft.

TIPP
Ein weiterer musikalischer Glücksort: Carl-Maria-von-Weber-Museum in Dresden-Hosterwitz.

● Richard-Wagner-Stätten, Wagner-Straße 6 und Tschaikowskiplatz 7, 01796 Pirna OT Graupa, Tel. (0 35 01) 4 61 96 50, www.wagnerstaetten.de
● ÖPNV: Bus 83, Haltestelle Tschaikowskiplatz

Richard Wagner
1846
Du hobst der Väter
alte Sagen
Aus dem versunknen
Schacht empor
Nun wird,
wo Künstlerherzen
schlagen,
Die ganze Welt -
ein
Wagnerchor.
Gestiftet von Edmund Syhre
1903

Die Kochquereinsteigerin

41 Landgasthaus Zum Schwarzbachtal in Lohsdorf

Entspannt starten die Hausgäste nach reichhaltigem Frühstück mit Gartenblick gegen 10 Uhr zur Tagestour. Die Tür zur Gaststube wird noch mal geöffnet, ein sportlicher Herr reserviert Plätze für den Abend. Das ist wichtig, denn der kleine Gasthof arbeitet bewusst auf Bestellung. Fürs Durchatmen ist wenig Zeit. Die kreative Chefin mit der feinen Zunge kocht nicht nur selbst, sie ist auch ihre eigene, fleißige Küchenhilfe mit flinken Händen. Verzicht auf Vorgefertigtes bedeutet viel Handarbeit. Frische Lebensmittel direkt vom Erzeuger sind unschlagbar. Namen und Gesichter aus den umliegenden Dörfern stehen dahinter.

Die Speisekarte ändert sich im Rhythmus der Jahreszeiten. Die Saison beginnt mit Wildkräutern wie Brennnessel, Löwenzahn oder Brunnenkresse – sie endet noch nicht mit Rehbraten, Pilzen und Maronenmousse. Bodenständiges und Weitgereistes sind kein Widerspruch. Anregende, energiespendende Gewürze bringt Dr. Barbara Siebert von ihren winterlichen Rucksacktouren aus Asien mit – kombiniert sie mit Karotten, Kohlrabi oder Rote Bete.

Das war nicht vorhersehbar bei einer promovierten Germanistin. 1990 änderte sich ihr Leben. Beim ersten Besuch des Elbsandsteingebirges verliebte sie sich in die bizarre Landschaft. Sie fand im Schwarzbachtal den leer stehenden Gasthof – oder fand er sie? Mit Umsicht und Liebe zum Detail verwirklichte sie ihre Vorstellungen. Viele Ausstattungsgegenstände wurden selbst aufgearbeitet. Auch in der Kochkunst ist sie Autodidaktin. Heute könnte sie locker eine zweite Doktorarbeit schreiben über naturorientierte, bodenständige Küche. Glücklicherweise verwendet sie ihr Wissen praxisnah für den Gast. Neues wird ausprobiert. Literarische Menüs gehören dazu, kommen sehr gut an – ohne Bühne, der Zuschauer mittendrin. Gutes Essen, leckere Getränke und Kultur gehören zusammen. Sollte mal viel Dampf über dem Schwarzbachtal aufsteigen, dann brennt nicht etwa die Gasthofküche. Die einzige Schmalspurbahn der Sächsischen Schweiz ist wieder in Aktion.

TIPP

Ein handgeschriebener Hausprospekt lädt ein: Vier Zimmer versprechen kurze Wege zu Speis und Trank.

● Landgasthaus Zum Schwarzbachtal, Niederdorfstraße 3, 01848 Hohnstein OT Lohsdorf, Tel. (03 59 75) 8 03 45, www.schwarzbachtal.de
● ÖPNV: Bus 237, Haltestelle Ehemaliger Bahnhof

Eine Festung für Kunst

42 Pirnaer Skulpturensommer auf dem Sonnenstein

Viele Wege führen nicht nur nach Rom, sondern auch „na pernem" – auf den harten Stein. Der Ortsname Pirna ist slawischen Ursprungs, ebenso die Burg-Festung. Sie thront 70 Meter über Elbe und Altstadt auf einem Felsplateau. Besser bekannt ist die weitläufige Anlage als Schloss Sonnenstein. Die strahlende Bezeichnung stand nicht immer für sonnige Zeiten. Die ehemalige Festung hat eine bewegte Geschichte. Zu Beginn des 21. Jahrhunderts wurde sie für Neues fit gemacht. Das Schloss erfüllt nun friedliche Aufgaben als Verwaltungszentrum des Landkreises mit ausgezeichneter Perspektive – im wahrsten Sinne des Wortes. In den sanierten Bastionen sind Fledermäuse zu Gast und seit 2013 der Pirnaer Skulpturensommer. Von Mai bis September locken bildhauerische Werke die Besucher geschickt in immer neue Areale der verwinkelten Verteidigungsarchitektur: Mal drinnen mit morbidem Charme, mal draußen unter Schatten spendenden Bäumen, mal oben, mal unten. Eine tolle Idee, diese besonderen Räume als Freiluftausstellung für figürliche Bildhauerei zu nutzen. Um die Exponate bekannter Künstler gruppiert sich Zeitgenössisches, vorrangig aus der Region.

TIPP
Jeden ersten Freitag im Monat, 16 Uhr, Schlossführung unter dem Motto „Historie und Moderne".

Der richtige Ort, das passende Klima: Hier wird anders in Szene gesetzt als in Museen, Parks oder auf Friedhöfen. Genug Raum, die Figuren zu umrunden, sie aus der Ferne oder Nähe zu betrachten. Jedes Jahr steht unter einem neuen Thema, das zum Wiederkommen einlädt.

Kulinarische Vorfreude oder Nachlese bietet die Terrasse der Schlossschänke mit Blick zur Marienkirche. Das gesamte Areal lädt Besucher auf Entdeckungswege ein. Nach Lust und Kondition warten Sandsteintreppen, steile Aufstiege oder die touristische Rundtour. Schritt für Schritt eröffnen sich andere Aussichten über die rote Dächerlandschaft. Reste der alten Stadtmauer verbinden sich mit blühenden Terrassengärten. Spalierobst und Weinstöcke fühlen sich wohl. Bänke verführen zu Pausen. Kinder lieben die Schatzsuche zwischen Muschelstein, Murmelbahn, Vogeltränke und Wasserspeier.

- Pirnaer Skulpturensommer, Bastionen der Festung Sonnenstein, Schlosshof 2/4, 01796 Pirna, Tel. (0 35 01) 55 64 46, www.pirna.de
- ÖPNV: Bus 241, 246, H/S, Haltestelle Landratsamt

Faszination für alle

43 Die Eisenbahnwelten im Kurort Rathen

„Nimm ein Kind an die Hand und lass dich von ihm führen. Betrachte die Steine, die es aufhebt und höre zu, was es dir erzählt. Zur Belohnung zeigt es dir eine Welt, die du längst vergessen hast." Dieser wunderbare Spruch ist Motto der weltgrößten Gartenbahnanlage, die von Ende März bis Anfang November täglich, außer montags, in Bewegung ist. In der von grünen Daumen gestalteten Minilandschaft sind rund 40 Züge auf fast 5 Kilometern Strecke unterwegs. 300 Gebäude, darunter viele Bahnhöfe, wurden in eigener Werkstatt gefertigt, ganz nah an den Originalen. Sachsen und seine Eisenbahngeschichte werden lebendig in diesen perfekt realisierten, computergesteuerten Schienenwelten.

Es menschelt natürlich auch auf dem Gelände – generationsübergreifend. Kinder sind mit der Anlage auf Augenhöhe. Sie ziehen Oma und Opa von einer Attraktion zur nächsten. Was gibt es nicht alles zu entdecken? Ein Knopfdruck und Züge setzen sich in Bewegung. Typische Dampflokgeräusche sind zu hören. Man kann sich auf dem Rundweg einfach treiben lassen. Manchmal geht es wieder zurück, um das Geschehen aus anderer Perspektive zu verfolgen. Die Besucher kommen untereinander ins Gespräch, machen sich auf Besonderheiten aufmerksam. Ist da nicht gerade eine Lok entgleist? Hat das elektronische Stellwerk versagt? Fachsimpeln ist ausdrücklich erwünscht, auch mit den Teammitarbeitern. Ein Blick in die Schauwerkstatt darf nicht fehlen.

TIPP

Auf dem Aktivrastplatz neben der Tourist-Info alle Muskeln trainieren – mit traumhaftem Basteiblick.

Zwischendurch oder zum Abschluss sollte ein Halt im Speisewagen, sprich Gaststätte mit Sonnenterrasse, eingelegt werden. Wer noch nicht genug hat: Es gibt sogar einen Schlafwagen, also eine Pension. Nachts, wenn alle Eisenbahnfans träumen, bewacht Charly, ein ausgebildeter Zollhund, die Anlage. Selbstverständlich sind die Eisenbahnwelten umweltfreundlich zu erreichen: Mit dem Elbdampfer, mit der Gierseilfähre, mit dem Fahrrad auf dem Elberadweg. Natürlich auch mit dem Zug, denn sie liegen neben dem Rathener Bahnhof direkt an der internationalen Bahnstrecke Dresden–Prag.

- Eisenbahnwelten, Elbweg 10, 01824 Kurort Rathen, Tel. (03 50 21) 5 94 28 www.eisenbahnwelten-rathen.de
- ÖPNV: S 1, Bahnhof Rathen; Dampfer, Haltestelle Dampferanlegestelle Rathen

Kamelien im Überfluss

44

Das Landschloss Pirna-Zuschendorf

Im März bildet sich eine Warteschlange am Eingang zur Schlossanlage. Der gelernte DDR-Bürger weiß: Es gibt etwas Besonderes. Im Gegensatz zu früher ist sogar klar, welche Überraschung wartet. Eine farbenfrohe, pflanzliche Wunderwelt öffnet sich. Der Frühling ist da. Kamelien blühen verschwenderisch an Hunderten Sträuchern in den Gewächshäusern. Sie entfalten sich zeitlich fein abgestimmt: Pralle Knospen, zarte Blüten in unterschiedlichsten Farben und Schattierungen, gefüllt oder ungefüllt, dazwischen saftig grüne Blätter. Einzeln oder in kleinen Gruppen wird die Pracht bestaunt. Immer wieder ist Neues zu entdecken. Kameras und Smartphones sind im Dauereinsatz. So viel Glück muss mit anderen geteilt werden. Selbst das Vergehen ist sehenswert: Ein Teppich aus welkenden Blüten bedeckt den Boden. Im behutsam restaurierten Schloss ist die Kamelie ebenfalls Hauptdarstellerin. Mehr als 1000 Blüten von Rosa bis Dunkelrot sind liebevoll in Keramik- und Glasgefäßen arrangiert oder schwimmen in einer Flusslandschaft. Auf kleinen Bühnen werden Geschichten ins Bild gesetzt.

Kamelien sind in Ostasien heimisch. Seefahrer brachten erste Exemplare nach Europa. Die Söhne des königlichen Hofgärtners Johann Heinrich Seidel sollen sogar Ableger aus Frankreich geschmuggelt haben. Sie gründeten 1813 in Dresden die erste Spezialgärtnerei des deutschen Zierpflanzenbaus, schrieben sächsische Gartenbaugeschichte. 200 Jahre später werden das Seidelsche Sortiment und neueste Züchtungen publikumswirksam am Pirnaer Stadtrand präsentiert.

Im Jahresreigen gibt es noch mehr Vielfalt. Azaleen und Hortensien erzählen in speziellen Blütenschauen von ihren Traditionen. Rhododendren, Efeu und Bonsai komplettieren das gepflegte Areal. Die romantische Parkanlage lädt zum Verweilen ein. Im Rucksack sind eine Flasche Rosésekt und zwei Gläser! Immer wieder denkt sich das engagierte Schloss-Team um Matthias Riedel Neues aus, sogar eine Weihnachtsausstellung. Deshalb sollte kein Jahrgang versäumt werden.

TIPP

Zum Abschluss eine kleine Pflanze kaufen und sich zu Hause jedes Jahr an der Blütenpracht erfreuen.

● Landschloss Pirna-Zuschendorf, Am Landschloss 6, 01796 Pirna OT Zuschendorf, Tel. (0 35 01) 7 92 96 06, www.kamelienschloss.de
● ÖPNV: Bus Z, Haltestelle Am Landschloss

Ein besonderer Tropfen

45

Weingenuss im Romantik Hotel Deutsches Haus

Die Reblaus ist nicht schuld, dass sächsischer Wein eine Rarität ist. Es sind die trinkfreudigen Rebläuse aus nah und fern, die Elbtalwein besonders lieben. Sie leeren Fässer und Flaschen schneller, als sie gefüllt werden können. Rund 80 Winzer im Haupt- und Nebenerwerb sowie 1500 Kleinwinzer und ihre fleißigen Helfer arbeiten mit Leidenschaft, um das Gleichgewicht von Angebot und Nachfrage zu sichern. Eine von ihnen ist Katja Riedel, die in Pirna-Copitz hoch über der Elbe einen Weinberg bewirtschaftet. Müller-Thurgau, Weißburgunder, Traminer und Spätburgunder wachsen unter ihren fachkundigen Händen. Sie ist die 25. Sächsische Weinkönigin.

Traumhänge für die Pflanzen, eine Herausforderung für die Winzerin. Die Flächen sind terrassenförmig auf mehrere Etagen mit steilen Treppen verteilt. Trockenmauern fangen Sonne ein, wandeln sie in saftige Trauben, später in aromatischen Wein. Schon Galileo Galilei wusste „Wein ist in Wasser aufgelöstes Sonnenlicht."

Handarbeit ist übers ganze Jahr gefragt, besonders anstrengend ist die Lese. Die Trauben warten goldschimmernd oder burgunderrot auf Vollendung im Keller.

Bei der Arbeit ist der Blick auf die andere Flussseite selten. Nach vollbrachtem Tagwerk ist Zeit für ein Gläschen. Die besondere Atmosphäre ist unbeschreiblich. Das Getränk im Glas verschmilzt mit der untergehenden Sonne. Elbe und Pirnaer Altstadt werden in magisches Licht getaucht. Genau dort frönt Katja ihrer zweiten Leidenschaft. Sie führt die 100-jährige Familientradition im historischen Hotel Deutsches Haus fort. In geselliger Runde im romantischen Innenhof oder im urgemütlichen Blechschmidt-Keller kann man die Prachttropfen riechen, schmecken und natürlich trinken. Die Verkostung wird abgerundet mit kurzweiligen Erläuterungen durch die Königin. Sie kennt außerdem lauschige Plätze zwischen evangelischer Marien- und katholischer Klosterkirche für einen Stadtschlenderwein in kleiner Runde oder begleitet gern auf der ersten Weinwanderetappe von hier nach Pillnitz.

TIPP

Sächsischer Weinwanderweg von Pirna-Copitz über rund 90 Kilometer bis nach Diesbar-Seußlitz.

● Romantik Hotel Deutsches Haus, Niedere Burgstraße 1, 01796 Pirna, Tel. (0 35 01) 4 68 80, www.romantikhotel-pirna.de, www.weinwandern-sachsen.de
● ÖPNV: S 1, S 2, Bahnhof Pirna; Regio-Busse, Haltestelle ZOB Pirna (jeweils 10 Minuten Fußweg)

Klangvolle Orte

46 Festival Sandstein und Musik

Die einzigartige Naturlandschaft des größten Sandstein-Canyons Europas entstand vor Millionen Jahren unter Meeresrauschen. Eine Reise in heutige Klangwelten bietet seit 30 Jahren „Sandstein und Musik“, ein kleines, feines Festival – regionale Perle der reichen sächsischen Musiklandschaft. Gastgeber sind architektonisch und landschaftlich reizvolle Veranstaltungsorte, wie Kirchen, Schlösser, Burgen, Gärten, Steinbrüche mit ihrer unverwechselbaren klanglichen Atmosphäre.
Los geht's im März. Die evangelische Kirche in Lohmen, mit 835 Sitzplätzen größte Dorfkirche der Sächsischen Schweiz, verwandelt sich in einen Konzertsaal. Hinter den massiven Sandsteinquadern, die dem spätbarocken Zentralbau das markante Aussehen geben, erklingt Musik vom Feinsten. Das lichte Innere in Weiß mit Goldverzierung und die Orgel in Silbermannscher Tradition über dem Kanzelaltar bieten den richtigen Rahmen. Das begeisterte Publikum ist mittendrin. Rund 30 Veranstaltungen folgen. Jahresthemen mit besonderem Repertoire und wechselnde Spielstätten erzeugen Neugier. Der Musikernachwuchs präsentiert sich bei Vorkonzerten. Das bringt Frische und Farbe ins Programm. Der Abschluss im Dezember bleibt traditionell: Die Bläserweihnacht in der Marienkirche in Pirna mit ihrer besonderen Atmosphäre mitsingender Besucher. Ein Glücksgefühl nicht nur für den bisherigen Spiritus Rector, den Trompeter Ludwig Güttler. Mit seinem Engagement für den Wiederaufbau der Dresdner Frauenkirche und das Festival Sandstein und Musik hat er zwei seiner großen Lieben mit Leben erfüllt. Die Kirche erzählt noch eine andere Geschichte. Der hiesige Pfarrer Carl Heinrich Nicolai schrieb 1801 den ersten „Wegweiser durch die Sächsische Schweiz nebst einer Reisekarte“. Sein Pfarrhaus war Anlaufstelle der ersten Entdecker der faszinierenden Landschaft. Eine Gedenktafel aus Sandstein erinnert auf dem Kirchhof. Die Lohmener Kirche war und ist ein besonderer Glücksort für Sächsische-Schweiz-Verliebte.

TIPP

Lohmener Schloss: ein Ort mit wechselvoller Geschichte und heute Sitz der Tourist-Info.

- Festival Sandstein und Musik, Tel. (0 35 01) 44 65 72, www.sandstein-musik.de
- Evangelisch-Lutherische Kirche, Dorfstraße 1, 01847 Lohmen
- ÖPNV: Bus 237, Haltestelle Bahnhofstraße

Nervenkitzel für alle

47 Der Kletterwald vor der Festung Königstein

Unter dem dichten Blätterdach des Waldes am Fuße der Festung Königstein sind vom Frühling bis in den Spätherbst Eroberer mit Spezialausrüstung und Helmen am Werk. Sie haben nicht die ehemalige Bastion im Visier, sondern versuchen, im Hochseilgarten an eigene Grenzen zu gehen. Auf über 1 Kilometer gibt es acht Parcours mit 80 Kletterelementen. Die Anlage ist für alle Generationen – von Zweijährigen auf der Bambini-Tour bis zu fitten Senioren. In der Gruppe macht es besonders viel Spaß, wenn es hoch hinaus geht: Mit der ganzen Familie oder im Freundeskreis, mit der Schulklasse oder als Betriebsausflug. Gemeinsam aktiv sein, sich gegenseitig helfen wollen und manchmal auch müssen – das ist die tolle sportlich-soziale Komponente.

Das freundliche Kletterwaldteam weist die Freizeitsportler fachmännisch ein, kontrolliert, dass die Ausrüstung sitzt. Festes Schuhwerk ist Pflicht. Schon kann's losgehen. Die kleine Runde für Anfänger oder das volle Programm für Fortgeschrittene. Ein intelligentes Sicherheitssystem passt auf, dass nie beide Rollenkarabiner auf den Seilen gleichzeitig geöffnet sind. Nun gilt es Höhenängste zu überwinden. Die Mutprobe beginnt bei 2 Metern und endet bei 15. Die Erkundungspfade schlängeln sich in luftiger Höhe durch die Baumwipfel mit Schwierigkeiten von ganz leicht bis höllisch schwer.

TIPP

Weitere sportliche Aktivitäten auf der 18-Loch-Minigolf-Freizeitanlage direkt nebenan am Hotel.

Zu hören ist „Mir schlottern die Knie. Ich kann das nicht. Klar schaffst du das. Wer kann mal ein Foto von mir hier ganz oben machen?" Sogar auf Tschechisch oder Englisch werden diese Befürchtungen und der spätere Stolz über das Erreichte ausgesprochen. Der Kletterwald ist einfach international. Während der 2- bis 3-stündigen Auszeit vom Alltag entwickeln sich schnell ungeahnte Fähigkeiten. Plötzlich kann man balancieren wie eine Wildkatze, auf wackligen Seilen auch noch den Kopf einziehen, einen Schuss Extravergnügen gibt es bei der rasanten Fahrt ins Tal oder man spürt das Adrenalin im Blut beim Sprung in die Tiefe.

- Kletterwald Königstein, Am Königstein 1 a, 01824 Königstein, Tel. (03 50 21) 18 99 51, www.kletterwald-koenigstein.de
- ÖPNV: Bus 241, Festungsexpress, Haltestelle Am Königstein

Hier wird viel gemeckert

48 Der Ziegenhof Lauterbach bei Stolpen

Nur insgesamt 8 Stunden pro Woche hat der kleine Hofladen geöffnet – Dienstag- und Freitagnachmittag. Wer regionale Bioprodukte kaufen will, plant das gern ein. Es ist ein Kommen und Gehen. Stammkundinnen äußern zielsicher ihre Wünsche nach „Zieglinde" und „Ziegbert", füllen an der Zapfstation Ziegenmilch in mitgebrachte Flaschen, Zeit für einen Plausch bleibt natürlich. Urlauber, die der Regionalinitiative „Gutes von hier" folgen, werden nett beraten, wenn sie „Mittel zum Leben" dort kaufen, wo sie produziert und veredelt werden. In der Hofkäserei entsteht ein breites Sortiment an Frisch-, Weich- und Schnittkäsen, mit Kräutern, Früchten und Nüssen aus kontrolliert biologischem Anbau. Im Frühling ist „Hase im Glück" beliebt, verfeinert mit Möhrenstückchen und Löwenzahn. Die Milch wird schonend pasteurisiert und handwerklich ohne Zusatz von Konservierungs- und Aromastoffen verarbeitet. Ziegensalami ist lecker, führt zu neuen Geschmackserlebnissen ebenso wie Lammfleisch zu Ostern oder Gulasch im Herbst. Dazu kommt ein kleines Biosortiment von Partnern.

TIPP

Ausgewählte Gaststätten und Geschäfte der Region und in Dresden führen Lauterbacher Ziegenkäse.

Ein liebevolles Muss während der Ladenöffnungszeiten ist der Besuch der munteren Ziegen im Stall oder auf der Weide. Zwischen 16 und 17 Uhr wird gemolken. Besondere Erlebnisse für Kinder sind Stallbesuche zur Lammzeit im Februar und März. Ziegen sind neugierige Tiere, die den Kontakt zum Mensch suchen und sich gern streicheln lassen.

Lauterbach ist ein typisch sächsisches Straßendorf. Durch Teilrodung schufen sich die Bauern seit dem Mittelalter eine existenzsichernde Mischung aus Feldern, Wiesen und Wald. Die Gehöfte stehen in dichter Folge an der Straße. Auf dem Gottlöbergut wurde immer Landwirtschaft betrieben. Die Jahrhunderte hinterließen Spuren, wie die Putzinschrift am Haupthaus: „LPG Thomas Müntzer" – DDR-Zeit. Rolf und Doreen Seim verwirklichen seit 2004 als Pächter erfolgreich ihre Vorstellungen eines nachhaltig biologisch bewirtschafteten Hofes: Kurze Wege der Ziegenmilch von blühenden Wiesen in unsere Mägen.

- Ziegenhof Lauterbach, Dorfstraße 110, 01833 Stolpen OT Lauterbach, Tel. (03 59 73) 29 51 20, www.ziegenhof-lauterbach.de
- ÖPNV: Bus 265, Haltestelle Gottlöbers Höhe

Trinkbare Elblandschaften

49 Brauhaus und Destillerie Pirna-Copitz

Welche Details zum Brauen und Brennen von Trinkbarem sind aus dem Chemieunterricht hängen geblieben? Keine! Die Fachleute auf den Höhen über Pirna geben gern praktische Nachhilfe. Glänzende Kupferkessel sind Hingucker im Brausaal und in der Schaumanufaktur. Sie zaubern aus Produkten der einheimischen Landwirtschaft schmackhafte Getränke unterschiedlichster Art und Farbe.

Sächsisch süffiges Bier mit Namen wie Bastei Pils, Pirnaer Stadtbier oder Gießer Dunkel entsteht traditionell nach deutschem Reinheitsgebot von 1516, weder filtriert noch pasteurisiert. Wertvolle Inhaltsstoffe und die Vollmundigkeit bleiben erhalten. Die Brennerei steht für feinste Obstbrände aus handverlesenen sächsischen Früchten, wie Johannisbeere, Quitte oder Birne ohne künstliche Zusätze und Zucker. In der „Geisterstunde" kann die Destillation verfolgt und das Ergebnis verkostet werden – ein spannender Abend unter Genießern.

Zum Probieren vor Ort lädt die umfangreiche Gastronomie mit sonnig-schattigem Biergarten, Brausaal und Bergsteigerzimmer ein. Unter Bildern regionaler Künstler wird Heimatkunde aufgefrischt. Oder man schmökert in den Buchbeständen der früheren Bücherei. Im Hofladen sind die von den Lebenshilfewerkstätten hergestellten Regale prall gefüllt, laden zum Getränkekauf ein. Besonders beliebt ist das zertifizierte Pirnaer Unikat „Schlafmützchen" – ein Biermischgetränk mit doppelter Hopfenmenge und gesunden Kräutern.

Genug Gründe für den Namen „Zum Giesser" – und doch falsch. Das Brauhaus war einst Sozialgebäude einer DDR-Gießerei. Im komplett modernisierten Werk nebenan wird weiterhin mit Metall gearbeitet. Auch außergewöhnliche Kunstobjekte entstehen. Ein besonders schönes Stück ist 1,90 Meter hoch, 800 Kilo schwer und beobachtet auf der Hafenmole der dänischen Stadt Helsingör den Schiffsverkehr. Der Nackedei ist der Bruder der kleinen Meerjungfrau von Kopenhagen, gegossene Kunst, in 2500 Stunden Handarbeit auf Hochglanz poliert in den Edelstahlwerken. Darauf ein (dänisches) Bier.

TIPP

Ein Tag ist zu wenig für Pirna – deshalb ein Traumbett buchen im Hotel Pirnscher Hof am Markt.

- Brauhaus Zum Giesser und Destillerie Pirna, Basteistraße 60 b, 01796 Pirna, Tel. (0 35 01) 46 46 46, www.brauhaus-pirna.de
- ÖPNV: Bus M, 237, 238, 246, Haltestelle Am Kiesberg/Brauhaus

NOLD HOLSTEIN
BODENSEE

Krone über der Müglitz

50 Schloss und Park Weesenstein

Pferdeställe in der fünften Etage, Kellergewölbe über den herrschaftlichen Wohnräumen: Weesenstein gibt Rätsel auf und löst sie. Das Schloss wuchs 800 Jahre vom sicheren Bergsporn nach unten ins Tal. Zum Glück hält die gewagte Konstruktion. Fels und Baukörper bilden in Sälen und Treppenhäusern eine Einheit. Neuere Teile umspannen wie Jahresringe die mittelalterliche Kernburg. Die bis zu 4 Meter dicken Mauern boten im Zweiten Weltkrieg ein bombensicheres Versteck für Hunderte Kunstschätze aus sächsischen Museen und von Privatpersonen.

Über zwölf Generationen, sprich 366 Jahre, hießen die Besitzer Günther, Heinrich und Rudolf. Die Familie von Bünau vergab nur diese Vornamen. Ihr Landadelszentrum war kein Ort des Müßiggangs, sondern erfolgreiche Wirtschafts- und Handelsstätte – grenzüberschreitend nach Böhmen. Die Früchte ihrer Arbeit flossen in die barocke Schlosskapelle oder in rauschende Feste.

Die Wettiner nutzten Weesenstein 87 Jahre, nachdem König Anton von Sachsen es 1830 aus seiner Privatschatulle erworben hatte. Es wurde die glückliche Residenz für seinen kunstsinnigen Neffen, den späteren König Johann. Er lebte und wirkte lieber hier als in Dresden. Wohn-, Schlaf- und Arbeitsräume der königlichen Familie erlauben heute einen Blick zurück, ebenso wie der aufwendig restaurierte Festsaal mit Goldledertapeten und originaler Inneneinrichtung. Das verführt zum Staunen, Träumen, Heiraten. Die heutige Schlossherrin lädt zu thematischen Führungen, Konzerten oder Lesungen ein.

Ein Park zum Flanieren liegt dem Schloss zu Füßen. Die Müglitz wurde geschickt umgeleitet und teilt den im französischen Stil gehaltenen Garten in zwei mit einer Sandsteinbrücke verbundene Flügel. Gestaltete Blumenrabatten, Hainbuchenhecken und eine stattliche Allee mit Sawara-Scheinzypressen bilden einen wunderbaren Kontrast zu scheinbar unberührten, bewaldeten Berghängen. Einmal jährlich sind Gaukler, Musiker, Handwerker und Ritter zu Gast. Das Mittelalterfest bietet eine spielerische Zeitreise.

TIPP

Kurven- und tunnelreich im Panoramawagen der Müglitztalbahn unterwegs – Ausstieg nicht verpassen.

- Schloss Weesenstein, Am Schlossberg 1, 01809 Müglitztal OT Weesenstein, Tel. (03 50 27) 62 60, www.schloss-weesenstein.de
- ÖPNV: RB 72, Bahnhof Weesenstein; Bus 201, Haltestelle Gemeindeamt

Romantischer geht's nicht

51 Die erste Etappe des berühmten Malerweges

Wir malen heute bevorzugt mit Licht, also mit Smartphone oder Digitalkamera. Wie wäre es, mit Stift, Pinsel und Farbe ganz persönliche Erinnerungen an wildromantische Schluchten, bizarre Felsen und atemberaubende Aussichten festzuhalten? Vorbilder können die Schweizer Maler Adrian Zingg und Anton Graff sein, die im 19. Jahrhundert den Namen „Sächsische Schweiz" prägten. Die Route begann im romantischen Liebethaler Grund, führte über das Basteimassiv und die Gipfel der hinteren Sächsischen Schweiz zum Prebischtor auf böhmischer Seite.

Der heutige Malerweg sind 116 Kilometer Fuß- und Augenfreude – nunmehr auf beiden Elbseiten. Wie einst beginnt die erste Etappe in Liebethal. Die Wesenitz ist die Begleiterin: Schlängelnd, murmelnd, plätschernd, rauschend über rund geschliffene Steine. Üppiges Grün säumt den Weg. Vögel zwitschern. Kühle Luft erinnert an Wald, Pilze, Moos und Erde. Die Sonne scheint in schmalen Lichtbalken effektvoll durch den Dunst.

TIPP

Wanderfreundlich am Malerweg – 70 zertifizierte Gastgeber bieten Unterkünfte für nur eine Nacht.

Unvermittelt treffen wir einen weiteren Künstler, den Komponisten Richard Wagner, der hier seine Inspiration zu Lohengrin fand. Seit 90 Jahren erhebt sich ein Denkmal auf tempelartiger Anlage – seiner monumentalen Musik würdig.

In heißen Sommern sollte man weiter im kühlen Tal bleiben, das Kellerklima genießen. Kleine Abstecher von der Hauptroute erweitern bekanntlich die Ortskenntnis. Auf schroffem Fels thront Schloss Lohmen. Ein aktiver Steinbruch lässt erahnen, wie schwer, aber auch filigran die Arbeit mit dem geliebten Sandstein ist. In der tief eingeschnittenen Lohmener Klamm sind die Felswände zum Greifen nah. Das historische Wasserkraftwerk Niezelgrund überrascht mit neuster Technik für schadstofffrei erzeugten Strom, der 350 Haushalte versorgt. Im Uttewalder Grund grüßt das berühmte Felsentor. Herabgestürzte Steinblöcke haben sich in der engen Schlucht fotogen verkeilt. Später führt die Tour in der Stadt Wehlen durch die Reste einer der ältesten Burgen der Region. Ein Tag wie gemalt.

- Erste Etappe des Malerweges, www.saechsische-schweiz.de/malerweg
- ÖPNV: Bus G/L, Haltestelle Liebethaler Grund

Alte Furt

Strahlende Freude

52

Die Krietzschwitzer Kerzenträume in Pirna

Was gibt es Schöneres, als handwerklich-künstlerisch kreativ zu sein? Wenn das Produkt in einer überschaubaren Zeit entsteht, fantastisch aussieht und auch noch alltagstauglich ist, dann ist das Glück perfekt. Die Kerzenwerkstatt auf den Pirnaer Höhen in Richtung Königstein bietet dafür beste Voraussetzungen. Bunte, handgezogene Kerzen sind kleine individuelle Kunstwerke in einer Welt, in der so vieles genormt ist. Sie greifen mit eigenen Ideen den Farbenrausch der Natur auf. In der einmaligen Atmosphäre der Manufaktur mit Wachs gestalten: Eine fantastische, gemeinsame Geduldsauszeit vom Alltag. In Familie, mit Freunden oder zum Kindergeburtstag entstehen mit Fingerspitzengefühl persönliche Mitbringsel als tolle Geschenke oder doch lieber zum Selberbehalten.

TIPP

Auf der anderen Straßenseite in der rustikalen Obstscheune regionale Lebensmittel einkaufen.

Wer sich nicht auf die eigene Geschicklichkeit verlassen will oder kann, dem helfen die Profis sehr gern. Im Laden lockt Vielfalt. Etwas ganz Besonderes ist die Windlichtserie „Sandstein voller Licht“, die sonnige Farbstimmungen der Felsen einfängt und kraftvoll zum Leuchten bringt. Der passende Untersetzer ist natürlich aus dem unbrennbaren Regionalmaterial.

Nach der Kerzenherstellung lockt die Gaststätte mit ihrer frischen Küche von herzhaft bis süß. Auch der Neugiergast, der zum Schauen, Stöbern, Bummeln und Einkaufen kommt, ist in der Gastronomie sehr willkommen.

Warmes, anheimelndes Wachslicht ist immer beliebt. Kerzen brennen feierlich auf dem Kirchenaltar. Sie sind Mittelpunkt einer festlich gedeckten Tafel. Das Ausblasen auf der Geburtstagstorte erzeugt dicke Kinderpausbacken. Sie flackern im Windlicht zur Sommergartenparty. Beim Lampionumzug beleuchten sie den Heimweg. Vier Kerzen schmücken den Adventskranz. Durch aufsteigende Wärme wird das Flügelrad der Weihnachtspyramide gedreht. Eine Kerze schenkt Freude. Und doch ist sie zu bedauern; denn sie kann nur Licht, Wärme und Geborgenheit geben, indem sie sich selbst verzehrt. Die Lösung ist: Wiederkommen und neu gestalten in den Pirnaer Kerzenträumen.

- Krietzschwitzer Kerzenträume, Krietzschwitz 4, 01796 Pirna, Tel. (0 35 01) 71 03 70, www.kerzentraeume.de
- ÖPNV: Bus 245, 246, Haltestelle Abzweig Neundorf, Krietzschwitz

Direkt auf der Grenzlinie

53 Entspannte Kahnfahrt auf der Oberen Schleuse

Die Obere Schleuse könnte Millionärin sein, wenn sie bei jedem Foto abkassiert hätte. 1879 begann mit einem Holzkahn der Fahrbetrieb für Sommerfrischler. Schnell kam diese Attraktion auf die Wunschliste beim Besuch in Hinterhermsdorf. Die Influencer des 20. Jahrhunderts fotografierten jeden Kahn samt Ausflügler. Abzüge waren bestellbar, wurden an die Heimatadresse geschickt. Eine gute Werbung, wenn sie beim Nachmittagskaffee von Hand zu Hand gingen. Der eigene 36er-Film musste für den Gesamturlaub reichen, speicherte andere Motive. Die exakt beschrifteten Fotos schlummern in alten Alben. In der Jetztzeit wird ununterbrochen fotografiert und gefilmt. Die märchenhafte Felsenwelt bietet unzählige Blickwinkel. Bis zur weltweiten Verbreitung kann ein Stündchen vergehen. Im tief eingeschnittenen Tal ist null Internetempfang.

TIPP
Auf tschechischer Seite laden Edmundsklamm und Wilde Klamm zu Bootsfahrten ein.

Die Obere Schleuse wurde 1567 auf der Grenze zwischen Sachsen und Böhmen für die Holzflößerei im Kirnitzschtal angelegt, staute Schwallwasser, mit dem Baumstämme bis 1964 zur Elbe gelangten. Die 700-Meter-Stauanlage dient heute nur dem Tourismus. Von Ostergrün bis Herbstbunt geleiten Kahnfahrer ihre Gäste fast lautlos durch die Kernzone des Nationalparks. Es geht vorbei an Felswänden, die sich im klaren Wasser spiegeln, und an Gebilden, die mit Fantasie Berggeist oder Krokodil sein könnten. Die Klamm entfaltet ihren wildromantischen Charme mit Farnen und Moosen, die nur hier gedeihen. Ein einzigartiges Biotop, das sich verändert. Borkenkäferbefallenes Totholz musste entfernt werden. Junge Bäume streben nach Licht, natürliche Wiederbewaldung hat begonnen. Weniger Schatten bedeutet mehr Sonne, Hautschutz wird zur neuen Pflicht.

Nach 20 Minuten ist die Staumauer erreicht. Zur Entscheidung stehen: Rückweg über das Hermannseck, eine enge Felsspalte mit eisernen Trittstufen, oder gemütlich Retour im Kahn zum urigen Imbiss Zur Rindenhütte. Beide Wege führen später zum Ausgangspunkt Buchenpark. Lust zum Wandern und rund 3 Stunden Zeit sind Idealvoraussetzungen.

- Obere Schleuse, 01855 Sebnitz OT Hinterhermsdorf, www.hinterhermsdorf.de
- ÖPNV: Bus 241, 261, Haltestelle Erbgericht (60 Minuten Fußweg)

Gäffchen oder Guldur?

54 Ilses Kaffeestube und Tom Pauls Theater

Frau Bähnert hockt unentschlossen auf der harten Sitznische neben der zweiflügeligen Tür unter dem Portal des Ulrichhauses in Pirna am Markt mit der Nummer 3. Wofür soll sie sich entscheiden? Kalorienreiche Verführung in Ilses Kaffeestube oder 2 Stunden beste Unterhaltung im Theater von Tom Pauls? Pragmatisch wie die „Bähnertn" ist, versucht sie, beides unter ihren schicken Hut zu bringen. Am Nachmittag zur besten Kaffeezeit folgt sie dem Aufsteller „Bei mir gibt's a Dässl Heeßen, a Stückl Eierschegge und zum Schluss a Eierligöör." Die liebevoll-gemütliche Ausstattung des Cafés versetzt sie zurück in Omas Zeiten. Sie ist Kaffeesächsin mit Leib und Seele, hat sogar ihre eigene Mischung kreiert „Ilses Melange" – schmackhaft, magenfreundlich und anregend. Dazu ein Stück der fluffig-leckeren Eierschecke und als Abrundung des Damengedecks ein Eierlikörchen oder auch zwei. Glocken läuten von der Marienkirche und vom Rathaus – es wird Zeit. Mit frischer Bluse geht sie nun ins Theater. Völlig unerwartet bekommt sie eine Karte in der ersten Reihe. Der Hausherr persönlich bezieht sie augenzwinkernd ins Spielgeschehen ein.

TIPP

Peter Ulrichs Marienkirche – ihr einzigartiges Netzgewölbe scheint über zwölf Säulen zu schweben.

Tom Pauls erfüllte sich mit dem eigenen Theater einen Lebenstraum. Er verliebte sich in ein gotisches Eckhaus, das in ruinösem Zustand war. Mit Engagement und dem nötigen Kleingeld wurde das über 500 Jahre alte Wohnhaus des Kirchenbaumeisters Peter Ulrich in ein vielfältig nutzbares Schmuckstück verwandelt, das wortwörtlich Geschichte atmet und versprüht. Dem ersten Besitzer ist eine Ausstellung gewidmet. Schauspieler und Kabarettist Tom Pauls, exzellenter Kenner der sächsischen Seele und Sprache, steht in unterschiedlichen Stücken mit seinen Freunden auf der Bühne. Erstrangige Gastkünstler erweitern den Spielplan von Politsatire bis Kammerkonzert – Kultur vom Feinsten. Frau Bähnert ist begeistert. Sie will gar nicht aufhören zu klatschen. Es war ein bomforzionöser Abend, wie es so schön auf Sächsisch heißt, wenn etwas hervorragend und großartig ist.

- Tom Pauls Theater mit Ilses Kaffeestube, Am Markt 3, 01796 Pirna, Tel. (0 35 01) 5 85 02 67, www.tom-pauls-theater-pirna.de
- ÖPNV: S 1, S 2, Bahnhof Pirna; Regio-Busse, Haltestelle ZOB; Dampfer, Haltestelle Dampferanleger (jeweils 10 Minuten Fußweg)

TOM PAULS THEATER

Klein und besonders fein

55

Schloss und Park Rammenau

Heiße Sommer und luftiges Leinen gehören einfach zusammen. Wenn das nachwachsende und zeitlose Naturmaterial der Hauptakteur und absolute Hingucker ist, dann finden die Internationalen Oberlausitzer Leinentage statt. Immer am letzten Augustwochenende verwandelt sich die gepflegte Anlage am Barockschloss Rammenau und seinen Kavaliershäusern in einen bunten Markt mit zahlreichen Textilmanufakturen und Kunsthandwerkern. Bei Schauvorführungen ist erlebbar, wie aus den Stielen der kleinen blauen Flachsblume der luftdurchlässige Stoff mit dem natürlichen Kühleffekt entsteht. Weitere alte, zum Teil vergessene Handwerkskünste kommen dazu, wie Spinnen, Weben, Filzen, Blaudruck, Papierschöpfen und Korbflechten. Moderne Leinenkreationen von jungen Designern werden auf dem Laufsteg vorgestellt. Handgemachte Naturkosmetik ist im Angebot. Musik sorgt für Abwechslung, kulinarische Leckerbissen für das leibliche Wohl. Kleine Gäste können auf der Kinderwiese basteln, spielen und toben.

TIPP

Erlebniswanderweg durch eines der schönsten Dörfer Sachsens mit der „Lauschtour"-App.

Auch vor und nach diesen einzigartigen Tagen ist Rammenau einen Besuch wert. Im sehr gut erhaltenen Landschloss, das im 18. Jahrhundert aus einem Rittergut entstand, fasziniert die teils barocke, teils klassizistische Raumgestaltung, besonders das Chinesische und das Bulgarische Zimmer. Geschichten zu den einstigen Besitzern sind ebenso interessant wie die Ausstellung über den 1762 im Ort geborenen Philosophen Johann Gottlieb Fichte. Der Spiegelsaal verwandelt sich zehn Mal im Jahr in ein märchenhaftes Standesamt. Noch öfter sind Konzerte im festlichen Ambiente Balsam für Ohren und Augen. Kochabende mit Freunden in der gemütlich-rustikalen Gesindeküche schulen die Geschmacksnerven. Rhododendren und Hortensien sowie der weitläufige, 5 Hektar große Landschaftspark im englischen Stil laden zum Entdecken und Entspannen ein. Zur perfekten Landschlossatmosphäre passt, was Johann Gottlieb Fichte 1794 formulierte „Wir lehren nicht bloß durch Worte, wir lehren auch weit eindringender durch unser Beispiel."

- Barockschloss Rammenau, Am Schloss 4, 01877 Rammenau, Tel. (0 35 94) 70 35 59, www.barockschloss-rammenau.com
- ÖPNV: Bus 520, Haltestelle J-G-Fichte-Straße

Stadt Wehlen im Doppelpack

56

Auf einem historischen Elbschaufelraddampfer

Die Elbe ist beliebt und begehrt. Sie hat Größe und Schönheit, muss keine Bewerber abweisen, ein friedliches Miteinander: Weitgereiste Flusskreuzfahrer, quertreibende Fähre, sportliche Paddler, Alu-Katamaran der Wasserschutzpolizei, spritziges Sportboot, lustige Floßtruppe, Mini-Segel-Jolle, modernes Salonschiff, rundes Grillboot, tuckernder Lastkahn. Traditionellste Art der Fortbewegung ist die Fahrt mit einem der neun historischen Schaufelraddampfer. Obwohl sie ihr Rentenalter lange erreicht hätten, gehören sie nicht zum alten Eisen, sind technisch und optisch auf dem besten Stand, wahre Hingucker und Publikumslieblinge.

Eine gepflegte Dame mit Geburtsjahr 1879, die „Stadt Wehlen", nähert sich kraftvoll ihrer Namensschwester, die ebenfalls ein sehr gutes Bild abgibt. Am Stadt-Wehlen-Anleger warten Touristen mit ihren Tickets. Einige haben Fahrräder dabei. Das Schiff verlässt die Flussmitte, legt an. Die Absperrkette am Steg wird entfernt. Die Gäste entern das Schiff, natürlich friedlich, aber zielstrebig. Wichtig ist die Platzwahl: Links, rechts, Mitte, auf dem Sonnendeck oder lieber im Salon?

TIPP

App „WFS Ahoi" – Reiseführer entlang der Route. Eigene Kopfhörer sind wichtig.

Wenn all das entschieden ist, grüßt der Schiffsführer von der Kommandobrücke: „Herzlich willkommen an Bord." Die Taue werden gelöst, 180 PS setzen sich langsam in Bewegung. Als akustisches Startzeichen ein kräftiger Stoß aus der nostalgischen Dampfpfeife. Die Passagiere machen es sich gemütlich, spüren den Fahrtwind, winken zum Ufer, von dort wird zurückgewunken. Die malerische Landschaft zieht vorbei. Kaffee und die berühmte Eierschecke versüßen die Fahrt.

Das Dampferinnenleben ist auch zu bestaunen. Experten wissen, dass es sich um eine oszillierende Zweizylinder-Verbunddampfmaschine mit Einspritzkondensation und einem Zwei-Flammrohr-Zylinderkessel handelt. Für Laien ist es toll gepflegte Technik, die sich gern bewundern lässt bei ihrer Umwandlung von Dampf in Fortbewegung. Gewienerte Maschinenpower treibt die Schaufelräder stromaufwärts an. Schon ist Königstein in Sicht.

- Weiße Flotte Sachsen, Georg-Treu-Platz 3, 01067 Dresden, Tel. (03 51) 86 60 90 www.saechsische-dampfschifffahrt.de
- ÖPNV: Dampfer, Anlegestelle entlang der L 32-Nationalparklinie Bad Schandau–Königstein–Kurort Rathen–Stadt Wehlen–Pirna–Pillnitz

STADT WEHLEN

Futuristisch hoch hinaus

57

Barrierefreier Aussichtsturm in Rathmannsdorf

Es ist ein besonderes Gefühl, unsere Erde mit gewissem Abstand zu betrachten, Um- und Übersicht zu genießen. Die Sächsische Schweiz bietet viele Möglichkeiten dieser Horizonterweiterung. Was ist, wenn es die körperliche Konstitution nicht zulässt, der beste Freund im Rollstuhl sitzt oder die geliebte Oma auf den Rollator angewiesen ist? Die Glückslösung steht umgeben von Wiesen und Feldern seit 2007 in Rathmannsdorf-Höhe: Ein 15 Meter hoher Aussichtsturm. Sein Aufzug erreicht die Plattform schneller, als ein Leistungssportler die 81 Stufen schafft. Bei passendem Fernsichtwetter ist täglich von 9 Uhr bis zum Einbruch der Dunkelheit geöffnet. Oben wartet ein herrlicher Panoramablick auf die Sächsisch-Böhmische Schweiz mit ihren markanten Erhebungen. Auf dem Geländer ist umlaufend die 360-Grad-Aussicht erklärt.

TIPP

Weitere gute Ideen liefert die kostenfreie Broschüre „Sächsische Schweiz barrierefrei erleben".

Sogar Sebastian Kneipp hat den Weg hierher gefunden, allerdings nur bis zum Fuß des Bauwerks. Ein Armbecken bietet Erfrischung und das Wassertretbecken erfreut müde Füße. In kurzer Entfernung laden überdachte Rast- und gepflegte Spielplätze zum Verweilen ein. Der Turm fällt schon von Weitem auf, wird oft als futuristisch bezeichnet. Doch der luftig-lockere Rathmannsdorfer mit Durchblick nach oben und unten hat im Umkreis von wenigen Kilometern ganz alte und sehr junge Verwandte. Sie ähneln ihm äußerlich, sind aber nur per pedes zu erklimmen.

Die Götzinger Höhe in Neustadt in Sachsen krönt seit 140 Jahren ein Wendelturm, 1992 grundlegend saniert. Er ist einer der ältesten frei stehenden Stahlfachwerktürme der Welt, sogar sechs Jahre älter als der Pariser Eiffelturm. Einige seiner 124 Stufen sind Originale der Dresdner Centralheizungsfabrik Louis Kühne aus der Entstehungszeit. Der Weifberg in Hinterhermsdorf wünschte sich seit den 1880er-Jahren einen erhöhten Ausguck für neugierige Wanderer. Erst im Jahr 2000 wurde der Wunsch erhört. Hier sind senkrecht verlaufende Stahlstützen mit Holz kombiniert. Zehn Treppenabschnitte mit 173 Stufen führen zum Himmel auf Erden.

● Aussichtsturm, Altendorfer Straße 2, 01814 Rathmannsdorf OT Höhe, Tel. (03 50 22) 4 25 29, www.rathmannsdorf.de/aussichtsturm
● ÖPNV: Bus 260, Haltestelle Am Turm

Vitamine zum Pflücken

58 Obsthof Rüdiger mit Hofladen in Helmsdorf

„An apple a day keeps the doctor away" – reimt sich auf Angelsächsisch wunderbar, wird auch von uns Sachsen gern befolgt. Ob ein Apfel pro Tag den Doktor fernhält, ist nicht belegt. Die Sonnengereiften tun der Gesundheit mit Sicherheit gut und sind geschmacklich nicht langweilig durch die Angebotsvielfalt vom Obsthof Rüdiger. Hinter dem Logo mit rotem Apfel und grünem Blatt versammeln sich 13 köstliche Apfelsorten, die fast durchgängig im liebevoll dekorierten Hofladen auf dem Dreiseitenhof vorrätig sind. Fürs kleine Fremdgehen zwischendurch gibt es Erdbeeren, Kirschen, Pflaumen, Birnen und Gemüse. Auch hier Fülle: Wo gibt es elf Kirsch- oder 13 Pflaumensorten? Auf der Zunge bildet sich ein Pfützchen. Selbst gepresste Apfelsäfte in praktischen 5-Liter-Boxen und Fruchtsmoothies ergänzen das Angebot.

TIPP
Aktuelle Ladenöffnungszeiten sowie Selbstpflückorte und -termine der Homepage entnehmen.

Durch Netzwerke mit regionalen Kleinerzeugern von der Oberlausitz bis ins Elbland ist fast alles für einen Wocheneinkauf verfügbar: Fisch, Wurst, Käse, Joghurt, Quark, Eier, Gewürze, Tee, Öle, Pasta, Marmeladen, Honig, Weine, Spirituosen. Ein Hofsupermarkt mit individueller Beratung und super Ideen für leckere Geschenkkörbe. Angesagt ist die Selbstpflücke, der kürzeste Weg vom Acker in den Magen. Die Natur regelt Beginn und Ende der Ernte. Man erlebt bewusst: Nicht alles ist immer verfügbar, zur jeweiligen Reifezeit schmeckt es einfach am besten. Einige Felder weiter können Blumen geschnitten werden, beliebt sind Sonnenblumen, Gladiolen und Dahlien.
Rund 230 Jahre ist der Hof im Besitz der Familie Rüdiger. Mit Johann Fürchtegott fing es 1792 an. Ulrich nutzte Anfang der 1990-Jahre seine Obstliebe, baute gemeinsam mit Ute den Betrieb um, erweiterte ihn. Für die Dresdner wurde ein Laden am Stadtrand in Weißig eröffnet. In Hosterwitz, nahe dem Pillnitzer Schloss, wachsen auf einer Plantage weitere Rüdiger-Vitamine. Neue Ideen werden umgesetzt, wie die original Elbtalmelone. Die Söhne sind längst eingestiegen. „Der Apfel fällt nicht weit vom Stamm", so ein weiteres Sprichwort.

● Obsthof Rüdiger mit Hofladen, Wesenitzstraße 9, 01833 Stolpen OT Helmsdorf, Tel. (03 59 73) 2 43 77, www.der-obsthof-ruediger.com
● ÖPNV: Bus 234, 265, Haltestelle Erbgericht

Das schönste Naturtheater

59

Felsenbühnen Festspiele Rathen

Es war ein Glücksfall, dass vor fast 90 Jahren kunst- und naturbesessene Enthusiasten die Idee realisierten, ein Freilufttheater in die einzigartige Felsenkulisse im Rathener Wehlgrund zu basteln. Ein heutiger Glücksfall ist, dass die einmalige Symbiose aus Natur und Kunst, die Felsenbühne Rathen, nach zweijähriger Sanierung richtig zukunftsfähig ist. Funktionsgebäude mit begrüntem Dach und Orchesterpavillon fügen sich harmonisch in die Landschaft ein. Die Bänke aus hellem Eschenholz erfreuen Augen und Rücken, bieten 1800 Plätze mit bester Sicht auf zerklüftete Felsen, den Tages- oder Abendhimmel und natürlich die Bühne. Das Publikum ist bunt gemischt: Schauspiel- und Opernfreunde, Musical- und Abenteuerfans, Familien. Die heutigen Besucher waren schon als Kinder hier, bringen nun ihre Enkel mit. Die Felsenbühne ist für uns Sachsen Pilgerstätte. Urlauber werden von der Sucht angesteckt.

TIPP

Gondelpartie auf dem Amselsee mit Blick auf die Naturtheater-Felsenwelt aus der Wasserperspektive.

Für den Besuch sollte man Zeit einplanen. Hier kann man nicht einfach mit dem Taxi vor die Theatertür fahren. Locker kommen insgesamt 10.000 Schritte zusammen, die pro Tag so guttun. Anreise mit S-Bahn, Übersetzen auf der umweltfreundlichen Gierseilfähre, Spazieren durchs autofreie Niederrathen, vorbei an kleinen Geschäften und Kalorienverführungen. Links abbiegen, bergan Richtung Felsenbühne. Mit diesem Ziel vor Augen sind sogar ausgesprochene Laufmuffel gern dabei, zumal Besonderes lockt: Felsen-Burger, Sandstein-Bemme und erfrischende, naturgrüne Amselsee-Limo.

Alljährlich von Mai bis September bringen die Landesbühnen Sachsen und die Elbland Philharmonie Sachsen in ganz speziellen Inszenierungen Abenteuer, Romantik und schöne Stimmen auf die Bühne. Der staatlich anerkannte Luftkurort Rathen ist perfekt für sauerstoffsuchende Nasen, aber es stört nicht, wenn sich die ausgezeichnete Luft mit Pulverdampf und lauter Knallerei auf der Bühne mischt, wie bei „Freischütz" & Co. Ab Herbst des Vorjahres kann gebucht werden: Veranstaltungsfavoriten, Wunschtermine und Lieblingsplätze.

- Felsenbühne Rathen, Amselgrund 17, 01824 Kurort Rathen, Tel. (03 51) 8 95 42 14 und (03 50 24) 77 70, www.felsenbuehne-rathen.de
- ÖPNV: S 1, Bahnhof Rathen, dann Fähre, Haltestelle Niederrathen (30 Minuten Fußweg)

Kreativität mal siebzehn

60 Galerie Vielfalt in der Barbiergasse in Pirna

Die „17" gilt hierzulande nicht unbedingt als Glückszahl. Für Pirna und siebzehn Künstlerinnen und Künstler der Region ist sie es bestimmt. Sie haben sich zusammengefunden und präsentieren gemeinsam ihre Arbeiten, die meist einen Bezug zum Elbsandsteingebirge haben, aber sehr verschiedene Blickwinkel. Beim Schlendern durch die Barbiergasse in Richtung Markt fällt auf der linken Seite ein Geschäft auf. In den Schaufenstern Kunstwerke, die Tür ist geöffnet und lädt ein zum Besuch der Galerie Vielfalt. Der Name ist Begriff.

Alte Technik wie die Bildhauerei steht neben neusten Ideen aus dem 3-D-Drucker. Mal hart aus Metall, mal zerbrechlich aus Keramik, Porzellan oder Glas, mal weich-anschmiegsam Textiles. Bilder in Öl, Acryl oder Aquarell stehen neben Grafiken und Linolschnitten. Vieles kann Innenräume schöner machen, anderes kommt draußen richtig zur Geltung.

Die Galerie wird natürlich von den Kunstschaffenden selbst betrieben. Während der Öffnungszeiten kann man mit mindestens einer oder einem ins Gespräch kommen. Ihre Wege hierher waren sehr unterschiedlich. Mal wurde die Kreativität schon in die Wiege gelegt oder in der Schule entdeckt. Mal wurde das Künstlerische konsequent mit Akademieabschlüssen an renommierten Einrichtungen in Dresden oder Halle gekrönt. Mal wurde das Hobby autodidaktisch ausgebaut, ist heute einfach Berufung. Mal ermöglichte erst der verdiente Ruhestand, eine schlummernde Leidenschaft mit Leben zu füllen. Diese breite Palette ist sowohl für Künstler als auch Besucher ein Gewinn.

Wer selbst kreativ werden will, kann Kontakte knüpfen, Kurse buchen, Termine abstimmen. Stellvertretend sei Claudia Pinkau vorgestellt. Ihr Atelier befindet sich nur 3 Gehminuten entfernt in der Galeriewerkstatt Ansichtssache am Kirchplatz 5. Anmeldungen sind möglich für freitägliche Aquarellkurse, Stadtspaziergänge mit Skizzenblock auf den Spuren des Vedutenmalers Canaletto oder Ferien-Kinder-Malkurse in Verbindung mit ihren beliebten Büchern über Susi Schlaumeier.

TIPP

Sprüche wie „Glücklichsein ist der Weg" in schöner Kalligrafieschrift an Schaufenstern entdecken.

- Galerie Vielfalt, Barbiergasse 19, 01796 Pirna, Tel. (0 35 01) 5 00 85 38
https://galerie-vielfalt-pirna-2.jimdosite.com
- ÖPNV: S 1, S 2, Bahnhof Pirna; Regio-Busse, Haltestelle ZOB Pirna (jeweils 10 Minuten Fußweg)

Kreativität
ist
ntelligenz
die
Spaß
hat
#pay
the
artist

Außergewöhnliche Aussicht

61 Rauenstein mit Felsgaststätte und Panorama

Der Rauenstein ist der niedrigste aller Tafelberge. Trotz Minisuperlativ präsentiert er sich stolz über der Hochebene bei Weißig. Ein gemütlicher Weg führt an Wiesen und Feldern vorbei zum Fuß des Rauensteins, der fast komplett bewaldet ist. Nur noch 366 Stufen bis zum Gipfelplateau. Ins ansteigende Gelände führen gut begehbare Knüppeltreppen. Die Stufen sind gelenkschonend mit Sand sowie Kiefernnadeln und Blättern des stattlichen Mischwaldes gepolstert. Geländer geben Sicherheit. Bänke laden zum schattigen Verweilen ein. Schnell sind Kontakte geknüpft. Wanderer haben meist ein fröhliches Hallo auf den Lippen – und Fragen: „Was ist das lang gezogene, mit dem Fels verschmolzene Gebäude auf der anderen Elbseite?" Die markante steinerne Brücke rechts daneben verrät, dass sich die Gruppe direkt gegenüber der Bastei befindet. Es ist der andere Blick, fernab von Touristenströmen. Es ist auch der Blick auf die Weißen Brüche. Weil die besonnten Hänge Winterarbeit ermöglichten, wurde früher bevorzugt rechtselbisch Stein gebrochen.

Ein Wegweiser lockt zum Kalorienaufladen. Die Felsgaststätte ist mehr als eine Wanderrast, punktet mit regionalen Spezialitäten in Bioqualität. Auf der Angebotstafel stehen Quarkies. Die beliebten Quarkkeulchen gibt es hier nicht nur mit hausgemachtem Apfelkompott, sondern auch mit leckerem Vanilleeis. Auf der gemütlichen Terrasse werden Fässer zu Stehtischen: Perfekt für kühle oder wärmende Getränke, je nach Jahreszeit. Eine Ausstellung mit historischen Bildern zeigt die touristische Erschließung seit 1885. Der lang gestreckte Rauensteinrücken bietet grandiose 360-Grad-Panoramen, die glücklich machen. Also länger bleiben: Notebook raus und im Freiluft-Bergbüro kreativ werden. Später steht die Frage nach dem Heimweg: Entweder unkompliziert zurück wie gekommen. Oder ins Elbtal rund 190 Meter nach unten steigen, gesichert über Leitern und Stege. Bald sind die Dampfer für die Rückfahrt ab Rathen oder Wehlen nicht nur zu hören, sondern auch zu sehen.

TIPP
Kurz vor Gaststättenschluss kommen, später Sonnenuntergang genießen, Stirnlampe für den Abstieg.

- Rauenstein mit Felsgaststätte Rauenstein, Auf dem Rauenstein 1, 01796 Struppen OT Weißig, www.fels-rauenstein.de
- ÖPNV: Bus 246, Haltestelle Weißig; S 1, Bahnhof Wehlen oder Rathen

Fischers Fritze fischt(e)

62

Forellen- und Lachszucht Ermisch in Neustadt

Warum steht ein überdimensionierter Fisch schwebend auf den Höhen an der Straße von Neustadt nach Sebnitz? Er weist den Weg über die Kirschallee zur Forellen- und Lachszucht in Langburkersdorf. Beim jährlichen Abfischen am Mühlteich im Oktober braucht es keine Wegweiser. Das Fest zieht regelmäßig Naturverbundene, Schaulustige und Genussmenschen an. Einen ganzen Tag geht es nur um ein Thema – spektakulär, informativ und lecker. Viele sind dabei auf den Geschmack gekommen. Sie kaufen regelmäßig im Hofladen frische oder geräucherte Ware, fragen in Gaststätten oder auf Märkten gezielt danach. Forellen, Saiblinge, Karpfen und Schleie schmecken durch das frische Quellwasser hervorragend. In der hauseigenen Räucherei werden sie täglich veredelt, ebenso Seefisch. Tipps zur Zubereitung, zum Beispiel zum Grillen, werden gern gegeben. Aktuelle Rezepte liegen aus. Die Gewässer haben eine teils über 500-jährige Geschichte, wurden kaum verändert. Seit 1994 betreiben die Ermischs, ausgewiesene Fachleute, das Unternehmen mit guten Ideen. Einstündige Betriebsführungen werden nach Absprache angeboten mit interessanten Einblicken in die Arbeit und einem Besuch im Bruthaus, der Aufzuchtstätte vieler kleiner Fischbabys. Firmenevents der besonderen Art sind möglich mit Infos, Erlebnisangeln und leckerem Beisammensein. Wer will, kann sein Angelglück ohne Fischereischein an zwei schönen Teichen vor Ort versuchen. Nötig ist ein Erlaubnisschein auf eine bestimmte Menge oder Sorte, der im Büro oder im Hofladen erhältlich ist. Wenn nichts beißt, gibt es noch das Anglerlatein.

TIPP

Restaurant im Parkhotel Neustadt: Fisch aus dem Wasser auf kürzestem Weg ganz lecker auf den Tisch.

Eine besondere Aktion nahm hier ihren Anfang. Die Reisefreiheit seit 1989 nutzen nicht nur Touristen, sondern auch Lachse. Sie verlassen ihre Kinderstube, schwimmen Tausende Kilometer durch Elbe, Nordsee und Atlantik bis vor Grönland. Nach ihrer Schlemmerreise paddeln sie als stattliche, laichreife Exemplare zurück, biegen in den Lachsbach ein. Wie sie im Gewirr der Elbnebenflüsse diesen Abzweig finden, bleibt ihr Geheimnis.

- Forellen- und Lachszucht Ermisch, Anbau 66, 01844 Neustadt in Sachsen OT Langburkersdorf, Tel. (0 35 96) 60 31 36, www.fischzucht-ermisch.de
- ÖPNV: Bus 261, Haltestelle Langburkersdorf Tännicht

Regionaler Genuss

63 Geführte Wanderungen mit Picknick

Mal kein einzelner Glücksort, sondern gezielt ausgewählte Örtchen, sportlich-lecker verbunden. Die Glücklichmacherin heißt Kristin Arnold, liebt das Elbsandsteingebirge und regionale Genüsse. Aus diesen Leidenschaften entstand eine wunderbare Idee für Touristen und Ausflügler „BrotZeitTour – Regional.Wandern.Genießen". Sie holt Tradition ins Heute.

Bei den Ersterkundungen der Sächsischen Schweiz war Proviant im Rucksack üblich, überlebenswichtig. Mit dem Errichten von Bergbauden und dem Ausbau von Wassermühlen zu Gaststätten wurden die Routen mit diesen rustikalen Angeboten verbunden.

Nun zurück zu den Wurzeln. Entspannt wandern in kleiner Gruppe von maximal acht Personen, per du sein, neue Leute kennenlernen, miteinander ins Gespräch kommen. Verschiedene Touren von jeweils rund 5 Stunden auf Kristins Lieblingswegen stehen zur Auswahl, mal vormittags, mal am Abend, wetterunabhängig. Die Treff- und Endpunkte sind an den ÖPNV gut angebunden, perfekt für Besitzer der Gästekarte mobil.

Erster Test beim Gemeinschaftserlebnis: Am Start werden die Spezialitäten für das spätere Picknick auf die Rucksäcke verteilt, somit sind alle am Erfolg beteiligt. An schönen Plätzen im Wald oder auf Gipfeln werden die garantiert regionalen Köstlichkeiten ausgepackt, liebevoll als Unterwegs-Buffet angerichtet. Hinter jedem Käse, jedem Brot, jeder Wurst verbirgt sich ein Kleinbetrieb, dessen Liebe zum Produkt erschmeckbar ist, dessen Geschichte verraten wird. Zwischen erstem Häppchen, reichhaltigem Picknick und kleinem Dessert bleibt genug Zeit zum Wandern, für fundiert-lockere Infos zur jeweiligen Route, an Traumausblicken, zum kleinen Hingucker am Wegesrand. Kurzentschlossene können einen Tag vorher noch buchen, wenn was frei ist. Auf Kristins Landtouren sind Entdecken und Genießen fantastisch verbunden. Man ist in „ess- und trinkbaren Landschaften" unterwegs. Wer eine tolle Geschenkidee für gemeinsame Zeit mit Freunden sucht: Hier ist sie. Gutscheine können online erworben werden.

TIPP

Für den nächsten Ausflug mit Freunden oder Kollegen bietet BrotZeitTour auch exklusive Touren an.

● BrotZeitTour – Regional. Wandern. Genießen, Tel. (0 15 12) 6 85 10 89
www.brotzeittour.de

Tiefost lädt zu Wildwest

64 Western Village am Nationalpark in Sebnitz

Rodeo im Western Village – steht dick in vielen Kalendern am Pfingstsonnabend und das seit 25 Jahren. Über 5 Stunden ziehen Rosse und Reiter aus Deutschland und Tschechien die Zuschauer mit ihren Aktionen in ihren Bann. Von Trail über Barrel Race bis hin zum Schlüsselloch: Im staubigen Corral wird den Teilnehmern alles abverlangt. Das Glück der Erde liegt bekanntlich auf dem Rücken der Pferde. Natürlich gibt es Kinderreiten und die vierbeinigen Lieblinge werden zu Fotostars. Für das leibliche Wohl sorgen viele helfende Hände. Bratwürste vom Holzkohlegrill gehen immer. Kesselgulasch und Chicken Wings sind die Renner. Nach der Siegerehrung lichten sich die Reihen leicht. Doch für die meisten geht es fachsimpelnd in den Abend mit Country-Live-Musik vom Feinsten. Da wird so richtig eingeheizt. Gut, dass auf dem weiträumigen Areal Platz ist für mobile Betten auf Zeit. So wird ein rundes Pfingstwochenende draus. Übers Jahr treten szenebekannte Bands gern auf, weil das Publikum einfach stimmt. Die Musik geht sofort ins Blut, die Tanzfläche ist schnell gefüllt. Da wackelt der Saloon und die Holzdielen beben.

TIPP

Der Saloon ist eine beliebte Eventlocation. Aktuelle Termine sind im Internet abrufbar.

Wer steckt hinter so viel Enthusiasmus? Kein kommerzielles Unternehmen, sondern eine eingeschworene Vereinsgemeinschaft, rund 30 echte Typen. In einem ehemaligen Steinbruch am Sebnitzer Stadtrand entstand ein Westerndorf mit Goldmine und Saloon, Silbersee und Corral, Stallungen und Pferdekoppel, Tischlerei und Schmiede.

Geöffnet ist zu den Veranstaltungen. Aber die Cowboys und Cowgirls werkeln das ganze Jahr über, lassen auch mal die Zügel schleifen, frönen gemeinsam dem Line Dance, sitzen vor ihren Blockhütten am Lagerfeuer, schmieden neue Pläne. Aus dem Dutch Oven duftet es herzhaft oder süß. Den Kontinent schnell mal wechseln, das geht. Man muss nicht wirklich über den Großen Teich düsen, um für einige Stunden ein besonderes Lebensgefühl zu genießen, in eine andere Zeit einzutauchen. Der Alltag ist ganz weit weg. Der umgebende Wald wird zum Saxon Indian Summer.

● Western Village Sebnitz, Naßweg 5, 01855 Sebnitz, Tel. (03 59 71) 5 13 81
www.western-village-sebnitz.de
● ÖPNV: Bus T, 261, Haltestelle Dr.-Steudner-Straße oder Soli Vital (10 Minuten Fußweg)

4303

Landkunst entdecken

65 Kreative Vielfalt in Reinhardtsdorf-Schöna

Auf den ersten Blick sieht man dem lang gestreckten Ort nicht an, welch künstlerische Kraft in ihm steckt. Es ist ein Waldhufendorf mit gut erhaltenen Fachwerkhäusern und liebevoll gepflegten Gärten. Der hellblaue Kirchturm markiert die Dorfmitte. Die Bauernbarockkirche ist etwas Besonderes. 1368 wurde eine Kapelle erstmals erwähnt. 1677 erhielt das Gotteshaus seine heutige Gestalt.

Bitte Platz nehmen in den original erhaltenen Kirchenbänken, die Bildergalerie auf sich wirken lassen. An den Emporen zeigen 50 farbenfrohe Gemälde biblische Schlüsselszenen. Mehrfach wird Elbsandstein im Hintergrund erstmals bildlich dargestellt. Künstlerischer Reichtum und Erhaltungszustand sind beeindruckend. Hier staunte schon Caspar David Friedrich, der schaffensreiche romantische Maler, dessen Werke Galerien weltweit zeigen. Er war ab 1800 öfter zu Studienzwecken in der Region. Sein künstlerisches Schaffen wurde hier nachhaltig geprägt. Anhand seiner Skizzen und Zeichnungen von Pflanzen, Bäumen, Felsen, Wolken, Monden ließen sich diese Wanderungen rekonstruieren. Also wurde der Caspar-David-Friedrich-Weg ausgeschildert, der von Krippen über den Reinhardtsdorfer Wolfsberg zurück zur Elbe führt. Elf Tafeln informieren über seine Arbeitsweise. Er fügte im Atelier verschiedene Elemente zusammen und komponierte so seine stimmungsvollen Bilder. Als Hingucker band er eine Rückenfigur in die Landschaftsmalerei ein, wie beim Gemälde „Der Wanderer über dem Nebelmeer“. Ins Heute übersetzt: Persönliche Eindrücke leicht mit Stift, Pinsel und Farbe unter einem schattigen Baum zu Papier bringen. Am Malerweg einfach der Kamera eine Pause gönnen – die Natur mit zwei Zeichnungen statt 50 Fotos einfangen.

Am Dorfrand liegt ein weiterer Kunstschatz: Warmgelber Sandstein, der sich perfekt für anspruchsvolle Steinmetz- und Bildhauerarbeiten eignet und in vielen europäischen Städten Gebäude schmückt. Im Steinbruch im Krippengrund gibt es trotzdem noch genug Material für die begehrten Bildhauersymposien.

TIPP

Landschaftssommertheater Sandsteinspiele: Natur als Bühnenbild, Zuschauer mit Klappstühlen.

- Reinhardtsdorf-Schöna, www.reinhardtsdorf-schoena.de
www.sandsteinspiele.de
- ÖPNV: Bus 252, Haltestelle Am Krippenberg

Blümeln ist angesagt

66 Schauwerkstatt Deutsche Kunstblume in Sebnitz

„Rosen, Tulpen, Nelken – alle Blumen welken." Nicht so in der Seidenblumenstadt Sebnitz. Seit 1834 wird hier ununterbrochen geblümelt – damals eine Chance in Problemzeiten. Weil Zölle auf böhmische Kunstblumen erhoben wurden, verlegte man einfach die Produktion direkt hinter die Grenze auf sächsische Seite. Fingerfertige Arbeitskräfte waren schnell gefunden, denn mechanische Webstühle verdrängten gerade die Handwebereien. Mehr als ein Jahrhundert fanden Tausende Lohn und Brot, oftmals in Heimarbeit.

Heute verbinden sich in der Schauwerkstatt der Deutschen Kunstblume Handwerksgeschichte und Blütenzauber, fantasiereiche Fülle und höchste Qualität. Die Blumenfertigung kann vom ersten Handgriff bis zur Vollendung erlebt werden – wie in den 1920er-Jahren. Zu Beginn führt ein Film zurück in die Hoch-Zeit und stimmt auf das Heute ein. Alle Arbeitsgänge können beim Rundgang direkt verfolgt werden, fachkundige Erläuterungen inklusive: Das kraftvolle Stanzen, die Vielfalt des Prägens, das gefühlvolle Färben und das fingerfertige Binden. 75.000 Formen im Eisenkeller lassen das breite Spektrum der Blüten-und-Blätter-Herstellung erahnen. Die Farbbücher sind ein Augenschmaus. Im Musterzimmer sind wertvolle Einzelstücke zu bewundern. Und natürlich gibt es für den schönsten Tag im Leben, die Hochzeit, Glück verheißende Vorschläge.

TIPP

Mit dem Streckenplan des „Blümelpfads" beim Stadtrundgang weitere Blumengeschichte(n) entdecken.

Das Auge des Betrachters wird getäuscht, das Natürliche wird im Künstlichen lebensecht und filigran hervorgehoben. Geschickte Hände lassen edle Rosen genauso erblühen wie Wald- und Wiesenblumen. Alles handgefertigt vom Stiel bis zur Blüte aus Seide, Samt, Atlas, Taft und anderen hochwertigen Materialien, auch aus präparierter Natur, wie Gräsern und Schleierkraut. Kunstvoll arrangiert sind sie Hingucker in Wohnungen, Theatern und Filmen oder inspirieren Modeschöpfer. Wer Lust hat, kann selbst kreativ sein. Wenn das Ergebnis doch nicht gefällt: Im Shop wird man ganz bestimmt fündig. Eine nachhaltige Erinnerung an Sebnitz: das Vergissmeinnicht.

- Deutsche Kunstblume Sebnitz, Neustädter Weg 10, 01855 Sebnitz, Tel. (03 59 71) 5 31 81, www.deutsche-kunstblume-sebnitz.de
- ÖPNV: SB 71, U 28, Bahnhof Sebnitz; Bus 261, Haltestelle Markt

Die süße Seite des Lebens

67 Schokoladen-Manufaktur & Café in Thürmsdorf

Glückliche Kindheitserinnerungen wollen Susanne Engler und ihr Team wachrufen. Was passt da besser als Schokolade? Aus einem leidenschaftlichen Hobby wurde echtes Handwerk. Die Rohstoffe werden fair eingekauft. Mit Mut zum puren Geschmack des Edelkakaos erfolgt die Verarbeitung in der ersten biozertifizierten Naschwarenmanufaktur Sachsens. Die Chocolatiers kreieren ihre Spezialitäten in liebevoller Handarbeit. Auf kürzestem Weg kommen sie zu den Naschkatzen. Es duftet nach Schokolade im kleinen Café Adoratio. Sind die Wände aus Nougatwürfeln? Leider nicht, aber die alten Sandsteinmauern erinnern farblich an die Leckerei. „Hansi Rüger", ein flotter Wanderbursche, grüßt von einem der Reklameschilder. Sie führen rund 100 Jahre zurück in die Zeit, als Dresden die Schokoladenhauptstadt Deutschlands war.

TIPP

Herzhaftes aus der Region vom Landschlachthof Struppen – 1 Kilometer entfernt an der Hauptstraße 100.

Bei schönem Wetter ist die Sonnenterrasse mit kleinen Zitronenbäumchen und bunten Schirmen der Lieblingsplatz der Süß- und manchmal auch Herzhaftmäuler. Nebenan lädt ein Park mit Teich, Rosengarten und wertvollen alten Gehölzen an verschlungenen Wegen zur Entdeckung ein. Die Rhododendren sind im Frühjahr ein blühendes Paradies von Creme bis Violett in vielfältigen Schattierungen. Gut versteckt die Jugendstilbronzeplastik „Adoratio", was „Anbetung" bedeutet, und den besonderen Namen der Manufaktur erklärt.

Auf der Streuobstwiese wachsen alte Apfelsorten, wie die Goldparmäne. Apfelringe und Most aus Eigenproduktion schmecken nach Natur. Ein Scheunendach mit Solarzellen – die Sonne veredelt auch auf diesem Weg die geschmeidige Schokoladenmasse. Das benachbarte Schloss wird gerade wachgeküsst und mit einem zukunftsfähigen Konzept wiederbelebt. Wer nach dem Spaziergang die süße Zeit verlängern will, bevorratet sich – von ess- über trinkbar bis zu Kosmetik. Wer nicht nur genießen, sondern auch selbst kreativ sein möchte, kann leckere Kurse unter dem Motto „Meet the Chocolatier" im Alten Bahnhof in Pirna buchen. Die Akademie ist das jüngste Kind der Adoratio-Familie.

- Schokoladen-Manufaktur & Café Adoratio, Am Schlossberg 2, 01796 Struppen OT Thürmsdorf, Tel. (03 50 21) 9 96 48, www.adoratio-schokoladenkunst.de
- ÖPNV: Bus 241, 246, Haltestelle Gasthaus

Vom Kaiser zum Zirkel

68

Das Reich der Steine in Reinhardtsdorf-Schöna

Ein schöner Sonnenaufgang zaubert Spektakuläres an den Himmel und doch heißt es: „Morgenrot – Schlechtwetter droht". Das Abendrot gilt als „Gutwetterbot". Es kann hilfreich sein, die Natur zu beobachten und auf bekannte Bauernregeln zurückzugreifen. Wer dem nicht traut, hat mittlerweile Apps, die meist ins Schwarze treffen. Wobei ein schwarzer Himmel am Tag nichts Gutes verheißt. Da sind die stimmigen Farben des Regenbogens nach dem Gewitter sehenswerter.

Das Wichtigste ist abgeklärt. Nun kann am Ortsrand von Schöna ein Familienausflugstag der besonderen Blickbeziehungen starten. Erstes Ziel ist die Kaiserkrone. Der Aufstieg ist kurz und wenig anstrengend. Der Name lässt eine majestätische Kopfbedeckung erwarten, doch auf dem abgeschliffenen Tafelbergrest sind nur drei Zacken der Krone als begehbare Felsen erhalten. Sie können über Leitern und gesicherte Wege erobert werden, bieten großartige Aussichten.

Das nächste Etappenziel ist von dort aus sogar schon im Visier, der Zirkelstein, der kleinste Tafelberg mit seiner beeindruckenden Gestalt. Die zirkelrunde Form, die sich 40 Meter nach oben schiebt, ist namensgebend. Die Bezeichnung Krone würde auch diesmal wunderbar passen. Aber sie ist ja schon vergeben, wie ein Blick zurück zur Erstbegehung bestätigt. Auf- und Abstieg sind hier etwas steiler und anstrengender.

Diese zwei markanten Freisteher sind von Wiesen- und Ackerland umgeben. Zu bestimmten Jahreszeiten laden blühende Landschaften zum Entdecken am Wegesrand ein. Roter Mohn und blaue Kornblumen ergänzen sich farblich. Dazwischen finden Glückspilze vierblättrige Kleeblätter oder entdecken einen roten Marienkäfer mit schwarzen Punkten, der plötzlich davonfliegt in Richtung Landgasthaus Zirkelstein – unbedingt folgen. Für ganz Mutige bietet sich eine Wanderung bei Vollmond an. Die Taschen- und Smartphonelampen bleiben im Rucksack, der Mond leuchtet den Weg aus. Von Felsen und Bäumen geht ein Zauber aus, der sich tagsüber nicht zeigt – eine besondere Atmosphäre.

TIPP

Entspannt durchs Dorf und die traumhafte Landschaft – Kremser oder Kutsche vom Pferdehof Fischer.

- Reich der Steine, 01814 Reinhardtsdorf-Schöna, www.reinhardtsdorf-schoena.de
- ÖPNV: Bus 252, Haltestelle Schöna Schulweg

Kleine Sächsische Schweiz

69 Sandsteinminiaturlandschaft in Dorf Wehlen

Ein Glück, dass sich Familie Lorenz in den 1990er-Jahren an die Miniaturisierung des Elbsandsteingebirges gewagt hat. Sandsteinblöcke aus einheimischen Brüchen wurden in Naturkunstwerke verzaubert und grün eingebettet. Mit handwerklichem Geschick und Liebe zum Detail ist nun die nächste Generation am Werk.

Wer den perfekten Gesamtüberblick auf bekannte Felsformationen, Bauwerke und den Elblauf der Sächsisch-Böhmischen Schweiz haben möchte, ist in Dorf Wehlen genau richtig. Historische Schiffe, Eisenbahnen, eine Postkutsche und der erste sächsische Oberleitungsbus im Bielatal bringen Bewegung in die Anlage. Sogar der Absturz, den die erste deutsche Ballonfahrerin, die Sächsin Wilhelmine Reichardt, überlebte, wird erlebbar. Musik lockt zum höchsten Punkt: Das weltgrößte Richard-Wagner-Denkmal steht nicht im Liebethaler Grund, sondern mystisch markant oben. Plötzlich bebt der Boden, Rauch quillt aus einem Ministeinbruch. Eine Sandsteinwand wird wie im wahren Arbeitsleben abgesprengt.

Auf grünen Schildern stehen QR-Codes, die zu kurzen Hörbeiträgen führen. Der Miniaturpark ist ein begehbares Heimatlexikon, lädt später zum Besuch der Originalorte ein. Durchs Gelände bis in luftige Höhen fährt die beliebte Miniaturbergbahn. Beim beschaulichen Parkrundgang sind die Kinder auf Augenhöhe mit den Attraktionen, die Wege sind rollatorgeeignet – also sehr generationenfreundlich.

Bei der Umsetzung neuer Ideen ist der Steinbildhauermeister in der Schauwerkstatt live zu erleben. Im Laden stehen Sandsteinsouvenirs in unterschiedlicher Größe und Form zur Auswahl. Stärkung gibt es gleich nebenan in der Gaststätte und Pension Zur alten Säge, ein umfassend restaurierter Vierseithof aus dem 16. Jahrhundert. Die Bandsäge im Gastraum und der Meisterbrief des Stellmachermeisters Willi Fröde lassen die Nutzung bis 1977 lebendig werden. Für die neue touristische Aufgabe wurde das Gehöft umgebaut und liebevoll saniert. So verbindet sich der Charme der alten Gebäude mit zeitgemäßem Service.

TIPP
Rund um die Uhr frische Rohmilch und Käsespezialitäten aus dem Kühlautomaten des Milchhofs Fiedler.

- Kleine Sächsische Schweiz, Schustergasse 8, 01829 Stadt Wehlen OT Dorf Wehlen, Tel. (03 50 24) 7 06 31, www.kleine-saechsische-schweiz.de
- ÖPNV: Bus 238, Haltestelle Kleine Sächsische Schweiz

Miniaturpark

Mal wieder Land sehen

70 Ferienquartier Maienhof in Kleingießhübel

Der schmucke Maienhof am Ortseingang bietet individuelle, naturnahe Erholung – nicht nur im Wonnemonat, sondern übers ganze Jahr. Der einladende Name kommt von den bäuerlichen Vorbesitzern. Heute sind Dörte und Steffen landtouristische Gastgeber mit guten Ideen. Sie verbinden Altes mit Neuem, Tradition mit jetzigen Ansprüchen, haben ein liebenswertes 200 Jahre altes Kleinod erhalten und weiterentwickelt. Die besondere Bauform heißt Umgebindehaus – eher typisch für die Lausitz. Einige sehenswerte Exemplare stehen auch in der Sächsischen Schweiz. Ein offenes Lastgerüst aus meisterlich gefügten Hölzern „umbindet“ eine Blockstube im Erdgeschoss und trägt das Obergeschoss. Mindestens eine Woche Landbett sollte man buchen, damit die Entschleunigung richtig funktioniert: Vom Vogelgezwitscher wecken lassen. Mal bewusst aufs Fernsehen verzichten. Internet nur im Gemeinschaftsraum. Basteln mit Naturmaterialien. Verarbeitung von Wolle oder Kräutern. Lagerfeuer zum Tagesausklang.

TIPP

Der Maienhof ist Zeltpartner der Trekkingroute „Forststeig Elbsandstein“ (www.forststeig.sachsen.de).

Außerdem bietet das Dorf Erlebnisräume, die Städter längst verloren haben. Spontan dem wilden Grün entlang des Krippenbachs und der Zäune folgen. Stille Winkel hinter der Scheune mit filigran blühendem oder üppig fruchtendem Holunder entdecken. Freilaufende Schafe und Hühner unter Obstbäumen beobachten. Frisches Gemüse aus dem Bauerngarten kosten, das manche nur noch aus der Tiefkühltruhe kennen. Also raus aus der Gewohnheit, Neuland entdecken, kleine Abenteuer bestehen, persönliche Grenzen erfahren, Stille genießen, den Körper fühlen, den Geschmackssinn trainieren, Zufriedenheit spüren.

Sechsmal im Jahr wird es turbulent und laut: Offener Hof im Mai und September zum Schauen und Fachsimpeln – Trödelmarkt für Sammler – Hofcafés mit selbst gebackenen Kuchen und Torten in Bioqualität. Im kleinen Laden gibt es Fruchtaufstriche und Liköre aus eigener Herstellung. Die Termine stehen auf der Homepage. Die Glühwein-Kirsch-Sahne-Schnitte aus dem Adventscafé schmeckt bestimmt auch lecker an kühlen Tagen im Mai.

- Maienhof, Rundweg 3, 01814 Reinhardtsdorf-Schöna OT Kleingießhübel, Tel. (01 71) 7 90 23 84, www.maienhof.net
- ÖPNV: Bus 251, Haltestelle Kleingießhübel Wendeplatz

Für Haut und Seele

71 Wohlfühlprogramm im Kräutervitalbad Sebnitz

Jedes Schulkind lernt, dass die Haut unser größtes Organ ist. Sie schützt, wärmt, kühlt, hat wichtigen Einfluss auf unsere Lebensqualität. Und doch gehen wir nicht immer pfleglich mit ihr um. Das Kräutervitalbad in Sebnitz bietet vielfältige Hilfe, verwöhnt mit reinen, naturbelassenen Produkten. Bekannte Frauen der Geschichte mit samtweicher Haut stehen als Patinnen bereit. Die ägyptische Königin Cleopatra ist seit Jahrtausenden für ihre Schönheit berühmt. Warum also nicht eine Packung mit ihrem Namen buchen? Mineralisierende, feuchtigkeitsspendende Ziegenmilch pflegt und strafft.

Die schöne Gräfin Cosel darf unweit von Stolpen nicht fehlen. Im Bad mit ihrem Namen steht edel glänzend eine aus Glockenbronze gegossene Wanne. Sie wird gefüllt mit 280 Litern Kräutersud mit pflegenden ätherischen Ölen, je nach Wunsch belebend oder beruhigend. Schon lädt ein sinnliches Badevergnügen ein, gern zu zweit. Dann wird mit Piccolo-Sekt angestoßen.

Die Softpackliege bietet Entspannung ganz anderer Art – ein Traum von Schwerelosigkeit bei gedämpftem Licht und wohliger Wärme. Hochwertige Cremes, duftende Öle, ausgesuchte Kräuter oder mineralreiche Algen ziehen unter weicher Folie besonders gut in die Haut ein. Eine Auszeit vom Alltag schaffen auch entspannende Massagen mit selbstgewählten Produkten ganz nach Stimmung und persönlichen Vorlieben. Kürbiskerncreme ist rückfettend und feuchtigkeitsspendend für trockene, strapazierte Haut. Honig wirkt stoffwechselanregend und durchblutungsfördernd.

Oder sich einfach die Wanderermassage gönnen! Sie bringt Rücken und Beine der aktiven Eroberer der Sächsischen Schweiz wieder ins Gleichgewicht. All das ist kombinierbar mit gesundem Schwitzvergnügen in der modernen Saunalandschaft. Die Aufgüsse können mit Wald und Wiese zu einer Duftreise durch die hiesige Natur führen oder erfrischend mit Aromen aus saftigen Orangen und sauren Zitronen daherkommen. Sicher ist: Ein Besuch des Kräutervitalbads macht glücklich, mehrere Besuche machen noch glücklicher.

TIPP

Bei Wanderwunden oder Insektenstichen Spitzwegerich auflegen. Das Naturkraut hilft garantiert.

● Kräutervitalbad Sebnitz, Hammerstraße 1, 01855 Sebnitz, Tel. (03 59 71) 5 25 33
www.kraeutervitalbad.de
● ÖPNV: Bus R, T, Haltestelle KräuterVital-Bad

Wandernd Natur begreifen

72 Die Waldhusche in Hinterhermsdorf

Mit weiß und grün ist man in Sachsen auf der sicheren Seite. Es sind unsere Landesfarben. Das umfangreiche Wander-, Rad- und Reitwegenetz ist vorrangig so ausgeschildert. Info- und Orientierungstafeln sind damit ebenfalls gut lesbar. Offiziell ist es moosgrün und verkehrsweiß, auch rapsgelb und signalrot sind im Einsatz. Keine Statistik weist aus, wie viel Farbe landesweit verarbeitet wurde. Überschaubar ist die Menge beim Familienwanderweg „Waldhusche" am Rand von Hinterhermsdorf. Er ist mit nur 2,4 Kilometern ein kurzes, doch sehr lehrreiches Abenteuer für sportlich-spielerische Waldgeheimnisentdeckungen. Der Name kommt von einer Rutsche, auf der früher Holzstämme vom Berg tosend ins Tal huschten. Auf einer Fläche von fast 100 Fußballfeldern wird die Bewirtschaftung unserer grünen Lungen vorgestellt. Vier vernetzte Themenwege locken mit 40 Stationen. Mal geht es um die Erkundung von Althergebrachtem, mal stehen Pflegemaßnahmen und künftige Entwicklungen im Mittelpunkt. Naturschönheiten sind Ziele auf dem Genussweg. Der Abenteuerweg hält auf Spielstationen Überraschungen speziell für kleine Entdecker bereit.

TIPP

Länger bleiben? Im Apartmenthaus „Zum Wildschütz" bestimmen die Kleinen, wer der Größte ist!

Fragen werden gestellt und beantwortet. Wie kann Gleichgewicht gehalten werden im ewigen Kampf der Naturkräfte? Für persönliche Balanceakte gibt es am Wegesrand ausreichend Gelegenheit. Welche Bedeutung hat Licht? Starke Kronen schaffen große Wurzeln und damit Stabilität. Wie wichtig ist Vielfalt, womit auch Sträucher und artenreiche Bergwiesen gemeint sind? Samen fallen vor Ort aus, neues Leben entsteht. Ideale Gebiete für Igel, Feldhase oder Kreuzspinne. Man muss sich einfach Zeit nehmen und genau hinschauen.

Das Erlebnisgelände ist ganzjährig frei zugänglich. Die Infostellen Blockscheune und BeizeHaus sind von April bis Oktober geöffnet. Direkt im Ort lädt der „Heimatkundliche Dorfrundgang" ein. Er führt vorbei an einigen der 71 Umgebindehäuser. Diese Regionalbauweise verwandelt seit Jahrhunderten Holz in kleine, gemütliche Glücksnester für Mensch und Tier.

- Waldhusche Hinterhermsdorf, 01855 Sebnitz OT Hinterhermsdorf
  www.hinterhermsdorf.de
- ÖPNV: Bus 241, 261, Haltestelle Erbgericht (15 Minuten Fußweg)

Wald
A
Abenteuerweg
Historischer
H
Waldnutzungsweg
Naturgenussweg
N
Waldkundeweg
W
Wald
A
Abenteuerweg
Historischer
H
Waldnutzungsweg
Waldkundeweg
W

Kulinarische Pause

73 Gaumenfreuden am Marktplatz in Wehlen

Beschaulich liegt der Erholungsort Stadt Wehlen, liebevoll „Wehlstädtl" genannt, an beiden Elbufern, verbunden durch eine Personenfähre. Auf beiden Seiten des Flusses lädt auch der attraktive Elberadweg zu sportlichen Entdeckungen ein. Eine Rast kommt gerade recht. Der Marktplatz ist dafür bestens geeignet. Ein Hinweisschild führt zur Stadtkirche, zur einzigen Radfahrerkirche der Sächsischen Schweiz. Der blühende Garten bietet Entspannung, ein Brunnen Erfrischung und vielleicht erklingt sogar die Orgel aus der berühmten Dresdner Werkstatt der Gebrüder Jehmlich. Ein Ort zum Innenhalten.

Nach der Besinnung kommt die Neugier. Was gibt es noch zu entdecken? Gegen kleinen Hunger und großen Durst helfen verschiedene Lokalitäten, wie das „Marktstübchen" mit leckerem Kuchen und Eis. In der „Pasta Lucia" werden aus regionalem Hartweizen luftgetrocknete sächsische Nudeln mit mediterranem Hauch gezaubert. Die Wehlmuschel ist die Hausmarke. Sie erinnert an Muschelabdrücke, die man noch heute im hiesigen Sandstein findet. Diese Spezialform ist offen und garantiert mit ihrer Struktur die perfekte Aufnahme der hausgemachten Saucen.

TIPP

An heißen Tagen Fahrrad am linken Ufer abstellen, Badesachen schnappen, im Erlebnisbad abkühlen.

Plötzlich liegt Süßes in der Luft. Die Bonbonmanufaktur „Karamellus" fertigt Nostalgisches in 27 Geschmacksvarianten, richtige Glücklichmacher. Wie von Zauberhand werden einzelne Stränge zum großen Ball geformt, danach in Windeseile in dünne Stangen gezogen für Lollis, Zuckerstangen und Bonbons. Bei den nachmittäglichen Schauvorführungen werden die Augen immer größer und im Mund läuft das Wasser zusammen.

Anfang September wird es eng, denn der bunte Naturmarkt gibt sich die Ehre. In einer Welt, in der immer alles verfügbar ist, sind die Herbstmonate doch etwas Besonderes: Hochzeit für regionalen Genuss. Landprodukte von Apfel bis Ziegenkäse werden zu kulinarischen Lieblingen mit Herkunfts- und Frischegarantie. Die Natur liefert auf kurzen Wegen Zutaten für traditionelle und neu variierte Rezepte. Die Packtaschen der Räder sind bei Abfahrt gut gefüllt.

- Marktplatz, 01829 Stadt Wehlen, www.wehlen-online.de
- ÖPNV: S 1, Bahnhof Stadt Wehlen

Der Hans, der kann's

74 Fotoworkshop auf der Festung Königstein

Fotografieren ist kinderleicht. In der Sächsischen Schweiz wird öfter als sonst auf den Auslöser gedrückt. Besonderes muss optisch konserviert, mit nach Hause genommen oder weltweit verschickt werden. Die Einmaligkeit des Sandsteins wird schon lange festgehalten. Der Übergang von Malerei zu Fotografie ist fließend, wie zwei prominente Beispiele beweisen. Auf dem Königstein war der Vorläufer der heutigen Technik, die Camera obscura, im Einsatz. Der Italiener Bernardo Bellotto fing Mitte des 18. Jahrhunderts mit seiner Lochkiste Motive ein. Später verwandelte er im Atelier die Skizzen zu Gemälden. Fünf farbige Veduten zeigen fast fotografisch das Festungsleben.

Ein Jahrhundert später hielt ein Dresdner Hochschullehrer und Fotopionier den Sandstein auf sehenswerten Landschaftsaufnahmen schwarz-weiß fest. An der Basteibrücke steht „Hermann Krone malte hier als Erster mit Licht", 1853. Das Prinzip der Fotografie ist seit 170 Jahren gleich. Hobbyfotografen sind mit den Ergebnissen meist zufrieden. Es geht noch besser: Richtiges Licht zur richtigen Zeit wirkt wie ein Zauber. Warum nicht mit einem Könner unterwegs sein? Hans Fineart veranstaltet im Frühling und im Herbst Workshops, gibt Wissen und Tipps locker weiter. Treff am Aufzug zur Festung, Stunden, bevor Normaltouristen sie erobern. Kurzes Kennenlernen, unter Gleichgesinnten ist man sofort beim du. Entspannt geht es nach oben. Erstes Ziel ist die Friedrichsburg. Gemeinsames Warten auf die Sonne. Später folgt eine Runde zu den grandiosesten Ausblicken. Die begrenzte Zeit der Blauen und Goldenen Stunde am Morgen eignet sich besonders für stimmungsvolle Aufnahmen. Glücksgaranten sind Kamera, Objektiv, Stativ, voller Akku, leere Speicherkarte, Outdoorkleidung, feste Schuhe – und Licht. Ein Austausch um den richtigen Moment und die besten Details rundet den Treff ab. Auch für Langschläfer porträtiert Licht ständig neu. Hans ist deshalb bei Sonnenuntergang und Mondaufgang gern am Gohrisch oder Gamrig unterwegs.

TIPP

Rechtzeitig Termin buchen, wer sich eine Fotografier-Bildungstour in kleiner Gruppe gönnen will.

● Fotoworkshop, Hans Fineart, Talmühlenstraße 48, 01737 Tharandt OT Kurort Hartha, Tel. (01 73) 1 98 81 80, www.hans-fineart.com

Museum für Minibahnträume

75 Die TILLIG-Modellbahn-Galerie in Sebnitz

Seine große Liebe ist wieder da – nicht nur in den Erinnerungen, sondern richtig zum Anfassen. Beim Ausräumen des Elternhauses tauchte plötzlich die Modellbahnanlage der Kindheit auf. Wie klein sie ist, aber alles noch gut erhalten und mit viel Zubehör. Sofort wird Zeit investiert, um sie wieder gangbar zu machen. Was soll nun daraus werden? Kann man damit die Jungen vom Smartphone und von Computerspielen weglocken?

Einen Versuch ist es wert. Doch wie kann die TT-Anlage aufgearbeitet und auf den heutigen Technikstand gebracht werden? Eine Fahrt nach Sebnitz ist goldrichtig. Einziger Hersteller der im Osten sehr verbreiteten Spurweite war die Firma Zeuke, heute TILLIG. Am Firmensitz lädt das Werksmuseum in die über 100-jährige Geschichte mit Dokumenten, Fotos und Schaustücken ein. Besonders interessant ist die Modellanlage des Elbsandsteingebirges. Bei der Breite von 1 Meter ist alles wunderbar einsehbar. Auf 12 Metern Länge geht es mit dem Zug von Bad Schandau entlang der Elbe bis nach Pirna, vorbei am Lilienstein und der Basteibrücke. 380 Arbeitsstunden waren erforderlich für Landschaftsgestaltung, Installation von Steuerung und Verdrahtung sowie Realisierung der Beleuchtung. 80 Meter Gleis und zwölf Weichen wurden verbaut. 63 Gebäude und 620 Bäume komplettieren die kleine, funktionierende Bahnwelt.

Schauen ist das eine, selbst bauen wäre das andere. Dafür kommen regelmäßig angebotene Workshops gerade recht. Zunächst gibt es eine individuelle Betriebsführung durch die einzelnen Produktionsschritte. Die Detailtreue und die notwendige Fingerfertigkeit sind mindestens auf dem Niveau der benachbarten Blümchenmacherinnen. Später folgen Theorie und Praxis in fast familiärer Atmosphäre, man ist ja unter Gleichgesinnten. Fehlendes aus unterschiedlichen Bahnepochen oder aktuelle Modelle können hinzugekauft werden, erstklassiger Service vor Ort inklusive. Nun nur noch die Ideen in Taten umsetzen – gemeinsam mit früheren Freunden oder mit der Jugend von heute.

TIPP

Anreise mit der Nationalparkbahn durchs romantische Sebnitztal mit sieben Tunneln und zig Brücken.

- TILLIG-Modellbahn-Galerie, Lange Straße 58–60, 01855 Sebnitz, Tel. (03 59 71) 9 03 27,, www.tillig.com
- ÖPNV: SB 71, U 28, Bahnhof Sebnitz; Bus 261, Haltestelle Markt

Berliner
Bahnen

Malerei in Musik und Stein

76 Museum im Wohnhaus des Malers Robert Sterl

Helene und Robert entschieden schon vor über 100 Jahren: Wir ziehen aufs Land. Sie fanden ein schönes Häuschen in Naundorf mit unverbaubarem Blick ins Elbtal und guter öffentlicher Verkehrsanbindung. Das war wichtig, denn Robert war Pendler. Vom fußläufig erreichbaren Bahnhof in Wehlen fuhr Professor Sterl täglich mit seiner Monatsfahrkarte bequem per Zug nach Dresden, wo er an der Kunstakademie lehrte. An der benachbarten Hofoper war er mit namhaften Musikern, Komponisten und Dirigenten, wie dem Generalmusikdirektor Ernst von Schuch, befreundet. Er beobachtete sie in Aktion. Seine Skizzenbücher fangen die Atmosphäre des Moments ein. Dank weniger Striche hört man förmlich die Musik.

Im neuen Zuhause im Elbsandsteingebirge war er seinem zweiten Hauptthema ganz nah: Mit Bildern von Steinbrechern hat er den schwer Arbeitenden der Region ein einzigartiges Denkmal gesetzt. Im lichtdurchfluteten Atelier vollendete er die Werke. Robert arbeitete oft an verschiedenen Gemälden auf mehreren Staffeleien gleichzeitig. Malpinsel und Paletten lassen vermuten, dass er die Arbeit gleich wieder aufnimmt. Doch einer der bedeutendsten Impressionisten starb 1932. 100 Werke aller Schaffensperioden und die komplette Künstlerbibliothek sind zu sehen. Sonderausstellungen präsentieren vorrangig Grafik, auch seiner Zeitgenossen oder Schüler. Ein guter Grund zum Wiederkommen.

TIPP
Aktive Künstler in ihren Ateliers besuchen – einfach dem Wegweiser „Kunstmeile Wehlen" folgen.

Sein letztes Domizil ist das einzige Malermuseum am facettenreichen Malerweg. Authentisch erhaltene Räume mit originalem Interieur bieten auch Einblicke in die Privatsphäre. Tee aus einem Samowar, mit Helene im sonnigen Erker oder im parkähnlichen Garten plaudern, Roberts Reisen anhand seiner Briefe lebendig werden lassen, als kinderloses Ehepaar eine gemeinsame Stiftung für junge Künstler gründen. Heute wird jährlich ein 3000-Euro-Preis an Begabte seiner früheren Dresdner Wirkungsstätte vergeben. Robert und Helene sind in der ländlichen Idylle in ihrer Grabstätte im Schatten mächtiger Bäume für immer verbunden.

- Robert-Sterl-Haus, Robert-Sterl-Straße 30, 01796 Struppen OT Naundorf, Tel. (03 50 20) 7 02 16, www.robert-sterl-haus.de
- ÖPNV: S 1, Bahnhof Stadt Wehlen (30 Minuten Fußweg)

Südamerika in Südsachsen

77 Die Alpaka-Farm Grüttner in Langenwolmsdorf

Es war Liebe auf den ersten Blick! Karl-Heinz und Carmen Grüttner sahen ausgerechnet in Kanada zum ersten Mal Alpakas, die ursprünglich in den Anden zu Hause sind. Sie waren begeistert von diesen besonderen Tieren, ihrem sanftmütigen Blick, ihrer Intelligenz und Temperaturanpassungsfähigkeit. Schnell wurde die Idee geboren, die Kleinkamele in die Sächsische Schweiz zu holen. Beide sind mit Tieren groß geworden. Ihre landwirtschaftlichen Erfahrungen und ihre Weiden boten ausgezeichnete Voraussetzungen für die Neuorientierung. Mittlerweile sind 25 Jahre vergangen. Langenwolmsdorf bei Stolpen und Alpakas gehören einfach zusammen. Eine anerkannte Zucht mit Huacaya-Alpakas wurde aufgebaut. Die Tiere sind mittlerweile echte Sachsen. Ganzjährig zieht das großzügige Farmgelände Neugierige jeden Alters an. Ein öffentlicher Weg führt an fest eingezäunten Weideflächen vorbei. Die zutraulichen Alpakas kommen beim Grasen gern näher oder ziehen sich in ihre Unterstände zurück, wo sie Heu finden, vor Wind und Wetter geschützt sind. Die Infotafel am Wegesrand beantwortet viele Fragen über die schöne Tierart. Eine wunderbare Möglichkeit zum persönlichen Kontakt ist eine gebuchte Wanderung. Mindestens zwei, maximal sechs Tiere sind dabei. Nach einer kleinen Vorstellungsrunde geht es raus in die Natur. Die Wanderung für bis zu zehn Teilnehmer dauert rund 1 Stunde.

Das Tempo bestimmen die Alpakas mit ihrem gemütlichen Gang. Entschleunigung wird für alle großgeschrieben – den Alltagsstress einfach hinter sich lassen. Heidi Seifert, die nächste Generation auf der Farm, erzählt unterwegs einiges zum Hof, zur Herkunft und Haltung von Alpakas. Für die absoluten Fans dieser freundlichen Weggefährten kann sogar ein professionelles Fotoshooting vereinbart werden. Der Hofladen öffnet bei Bedarf, bietet Vielfalt an gesundheitsfördernder Alpakawolle und an Strickprodukten. Übrigens: Beim Scheren im Frühjahr gehen in wenigen Minuten rund 3 Kilogramm pro Tier verloren, ganz ohne Diät.

TIPP

Wer länger bei seinen Alpakas bleiben will, bucht die gemütliche Nichtraucherferienwohnung.

● Alpaka-Farm Grüttner, Ziegeleiweg 6, 01833 Stolpen OT Langenwolmsdorf, Tel. (03 59 73) 2 51 03 und (0 15 22) 8 49 33 37, www.alpaka-farm.de
● ÖPNV: Bus 261, Haltestelle Langenwolmsdorf-Oberdorf

summer

78 Thiele-Aussicht und Biedermann-Mausoleum

Wer entgegen der allgemein vorgeschlagenen Route in den Malerweg einbiegt, ist kein Falsch- oder Geisterwanderer. Ohne vom Pfad abzukommen, wird das Angebot einfach individueller genutzt. Die notwendige Sicherheit garantiert die perfekte Ausschilderung mit dem schwungvollen „M". So eine Richtungsänderung bietet neue Sichtweisen, wie zum Beispiel auf der siebten Etappe. Schon kurze Zeit nach dem Start in Weißig eröffnet sich am Waldrand unerwartet ein traumhafter Blick auf die zwei Hingucker Lilien- und Königstein. Der Elbbogen mit den Tafelbergen wurde vor 275 Jahren vom kursächsischen Hofmaler Johann Alexander Thiele detailgetreu auf Leinwand oder als Radierung festgehalten. Dank der Stele an diesem Aussichtspunkt ist die damalige Arbeitsweise des überhöhten Festungsberges auf üppiger, bewegter Landschaft wunderbar mit der heutigen Situation vergleichbar. Der schaffensreiche Thiele gilt als Vater der sächsischen Landschaftsmalerei. Bänke und Tische laden zur ersten Rast des Tages ein, einfach innehalten, den Blick länger genießen, die Kamera zücken, die Kombination aus damals und heute festhalten.

TIPP

Wanderung zu Thiele und Biedermann auch ab Schloss Thürmsdorf – immer mit Blick zum Königstein.

Beim Umherschauen fällt an der steilen Geländekante ein runder Kuppelbau mit Säulen auf. Was ist das? Die erste Kapelle am Malerweg, 2016 im ökumenischen Sinn geweiht. Das ehemalige Mausoleum der Familie Biedermann, Besitzer von Schloss und Park Thürmsdorf, hat eine wechselvolle 100-jährige Geschichte. Nun ist es zum Glück wieder zur Ruhe gekommen, ist Andachts- und Gedenkort. An ausgewählten Sonntagen sind hinter den dicken Sandstein- und Ziegelmauern leise und doch kraftvolle Klänge zu hören. Obertonreiche Instrumente schaffen ein Schallereignis. Die einzigartige Akustik der Kapelle ermöglicht intensives Hören und Fühlen. In 45-Minuten-Klangerleben stellen sich schnell Entspannung und Wohlgefühl ein. Glücklichmacherin dieser besonderen Art ist Angelika Kühn. Reservierungen für die Klangreisen mit wechselnden Instrumenten in der Malerwegkapelle nimmt sie gern entgegen.

- Aussicht und Mausoleum Thürmsdorf, www.saechsische-schweiz.de/malerweg
- Die Welt der Klänge, www.klangreisen-mit-angelika.de
- ÖPNV: Bus 246, Haltestelle Weißig; Bus 241, 246, Haltestelle Gasthaus Thürmsdorf

Einzigartige Natur

79 Wanderung zum Prebischtor

Die Felslandschaft geht fantastisch weiter hinter der seit 1459 unverändert bestehenden sächsisch-böhmischen Grenze. Sie ist zum Glück heute kaum noch wahrnehmbar, höchstens durch das nun verstärkt zu hörende Tschechisch im Wechsel mit Deutsch sowie das Bezahlen mit Kronen – oder doch Euro. Sahnehäubchen beim Besuch der České Švýcarsko, der Böhmischen Schweiz, ist das Pravčická brána, das Prebischtor. Kraftvolle Naturarbeit über Jahrmillionen hat die größte Sandsteinbrücke Europas geschaffen: Knapp 27 Meter Spannweite, 16 Meter lichte Höhe, darüber dünne 3 Meter Stein – imposant und doch filigran. Bis 1982 war es gestattet, über den 8 Meter schmalen Bogen zu gehen. Das Betretungsverbot soll das erosionsbedrohte „Bauwerk" erhalten. Also kann sogar eine Verweigerung Glücksgefühle auslösen.

TIPP

Kleiner Sprachkurs: Guten Tag! = Dobrý den! / Guten Appetit! = Dobrou chuť! / Prost = Na zdraví!

Die Wanderstraße beginnt in Hřensko, führt serpentinenartig nach oben. Viele unbekannte Gleichgesinnte sind mit unterwegs, wie auf einem Pilgerweg. Am Ziel locken spektakuläre Ausblicke zum Fotografieren und das Restaurant Sokolí hnízdo. Gulasch, Knödel sowie tschechisches Bier bieten die passende regionale Stärkung. Zurück geht es über den landschaftlich attraktiveren, dafür längeren Gabrielensteig. Der traditionelle Promenadenweg führt nach Mezní Louka. Busse bringen müde Wanderer zum Ausgangspunkt. Für Kraftvolle bietet sich ein Ganztagsprogramm an mit Weiterwandern im tiefen Tal der Kamenice, wo an den schönsten Stellen Kahnfahrten in Wilder Klamm und Edmundsklamm zum romantischen Erlebnis werden.

Im Sommer 1989 hatten Tausende ein anderes Reiseziel: Prag. In der bundesdeutschen Botschaft suchten sie Schutz, wurden mit der Ausreise belohnt. Das war ein Meilenstein der friedlichen Revolution zur Öffnung des Eisernen Vorhangs. Ein guter Grund, das Goldene Prag wieder mal zu besuchen und im gepflegten Botschaftsgarten zwei wichtige Utensilien der damaligen Ereignisse zu entdecken: Den Balkon und einen Trabant, nicht himmelblau, sondern aus Bronze, symbolhaft auf vier Beinen.

- Prebischtor (Pravčická brána), 40717 Hřensko, Tel. +42 04 12 38 34 13
- ÖPNV: S 1, Bahnhof Schöna, dann Fähre, Haltestelle Hřensko

Fahrt mit Wilhelmine III.

80

Aus dem Ballon Elbsandstein-Glücksorte sehen

Frühaufsteher haben's gut: Geplante Ballonfahrten finden dank der Thermik meist statt. Starts und Landungen verlaufen ruhig. Die erwachende Landschaft ist unbeschreiblich. Eine Abendfahrt verspricht schöne Sonnenuntergänge, aber Gewitter können den Plan kippen. Im Winter hat die Tagesmitte ihren Reiz. Startzeiten sind wählbar nach Jahreszeit zwischen 5.30 und 20 Uhr.

Für den Aufstieg zum Glück braucht es wenig: Korb, Ballonhülle, Gas, Brenner und reichlich Erfahrung mit wohltemperierter Luft von kalt bis heiß. Das Aufrüsten schmiedet das kleine Auf-Zeit-Team zusammen. Wenn der Ballon aufgerichtet ist, wird der Korb bestiegen. Er hebt ab, schwebt lautlos. Das Ziel bestimmt der Wind, der wichtigste Begleiter und Entscheider. Die Erde wird für ein Stündchen verlassen. Ein Abenteuer in rund 300 Metern Höhe beginnt. Je nach Windgeschwindigkeit werden 10 bis 30 Kilometer zurückgelegt. Die Sächsische Schweiz entfaltet sich wie eine dreidimensionale Landkarte. Die Elbe und Bekanntes, wie Pirna, die Festung Königstein, die Burg Stolpen geben Orientierung. Die Vogelperspektive öffnet neue Blicke auf die wunderbare Landschaft, die Sandsteinmassive, Dörfer und Wälder. Im Korb herrscht entspannte Atmosphäre. Fotografieren oder Filmen sind nicht nur erlaubt, sondern einfach notwendig fürs Erinnern und Teilen mit Freunden. Am Ende sucht der Pilot eine geeignete Landewiese. Wenn alles ordentlich verpackt ist, erfolgt nach alter Ballöner-Tradition die Taufe mit Feuer und Sekt, samt Taufbrief.

Von der Hülle muss Wilhelmine Reichard grüßen, die erste deutsche Ballonfahrerin. Sie war hier unterwegs, landete im September 1811 etwas unsanft bei Saupsdorf. Sie brachte es auf 17 Fahrten mit Starts in Städten wie Aachen, Hamburg oder Wien. Die selbstbewusste, mutige Frau meinte: „... gleich einem Sonnenstäubchen im Weltall schwebend ... ein Augenblick, der ... nie mich kalt lassen wird." Seit einem Vierteljahrhundert ist sie treue Begleiterin am sächsischen Himmel, nun schon in III. Generation.

TIPP

Privatstartwiese buchen: Mindestens 60 m x 60 m, frei von Hindernissen, Bäumen und Stromleitungen.

● Ballonfahrten Dresden, Jürgen Hensel, Tel. (03 51) 4 16 17 00
www.ballon-dresden.de

Mein Dank geht an

neue Freunde, die ich bei der Recherche meiner Glücksorte kennenlernen dufte,

langjährige Freunde, die mit frischen Ideen, zielführenden Fragen, Equipment und tollen Fotos meine Arbeit unterstützten,

meine liebe Familie, die mich gern und oft in der Region begleitet sowie im Schreibstübchen wertvolle Tipps gegeben hat.

Bibliografische Informationen der Deutschen Nationalbibliothek
Die Deutsche Nationalbibliothek verzeichnet diese Publikation in der Deutschen Nationalbibliografie; detaillierte bibliografische Daten sind im Internet über http://dnb.d-nb.de abrufbar.

Konzeption/Satz: Droste Verlag, Düsseldorf
Einbandgestaltung und Illustrationen: Britta Rungwerth, Düsseldorf, unter Verwendung von Bildern von © Fotolia.com: jd - photodesign.de; © iStock: Plociennik Robert
Fotos: Ulrike Striebeck, außer: Archiv Brauhaus Pirna: S. 105; Archiv TVSSW: S. 145 (Sebastian Thiel), S. 149 (A. Flak); Becks Obstscheune GmbH: S. 39; BrotZeitTour/Kristin Arnold: S. 133; CAPRON GmbH: S. 85; Elbradweg/Felix Meyer: S. 47; Hans Fineart: S. 155; Hochtouren Dresden/Albrecht Hoch: S. 53; Kathleen Gründler und Marcel Quast: S. 165; Kerzenträume: S. 111; Kletterwald Königstein GmbH: S. 101; Kurgesellschaft BGB/Marko Förster: S. 15, S. 19; Landesbühnen Sachsen GmbH/Michael Schmidt: S. 125; Leinentage Barockschloss Rammenau: S. 117; LuxOase: S. 55; Christine Moser: S. 65; Lars Neumann: S. 135; Claudia Pinkau: S. 127; Porschendorfer Mühle: S. 41; RATAGS Kunsthandwerk/Johannes Dose: S. 69; Katja Riedel: S. 97; Schauanlage Neumann-Mühle e. V.: S. 29; Heidi Seifert: S. 161; Michael Simon: S. 63, S. 83; Toskana Therme/Achim Meurer: S. 49; Egbert Weiß: S. 89; www.ballon-dresden.de: S. 167; www.stock.adobe.com: S. 13 (Uwe), S. 25 (Holger W. Spieker), S. 107 (hecht7); Ziegenhof Lauterbach: S. 103

MIX
Papier aus verantwortungsvollen Quellen
FSC® C011279
www.fsc.org

Druck und Bindung: LUC GmbH, Greven
ISBN 978-3-7700-2450-6

www.droste-verlag.de